JN080349

行動障害のある人へのアプローチ

施設職員

ABA

応用行動分析学

支援入門

村本浄司■著

学苑社

まえがき

　私がその利用者と出会ったのは、大学院の博士課程に進学したばかりのときでした。私は前年度になんとか修士課程を修了し、臨床家としてもまだまだ半人前の頃だったと思います。そんな時に、修士課程の頃から研究対象としてお世話になっていた施設の職員さんから、その方についての相談を受けました。

　その利用者の方は自閉スペクトラム症と重度知的障害の診断を受けていましたが、話しことばによるコミュニケーションは複雑ではない程度の会話は可能でした。そのため、たまに職員や私とのコミュニケーションを楽しむことができました。

　しかし、自分の要求が通らないときなどに大声になり、そのことがエスカレートすると頭叩きなどの自傷行動や、職員を殴るなどの他害行動、さらに物を投げつけたり叩いたりして壊すなどの激しい行動を示していたため、職員の方もその支援にかなり悩んでいたようでした。

　私もその方への支援をどうしようかと思案していたところ、学会で奥田健次先生の発表を拝聴する機会がありました。奥田先生の研究は、行動契約法で行動問題が改善した事例に関するものでした（奥田・川上，2002）。

　その方法を簡潔に言えば、利用者と施設が行動問題に関する（約束）契約をし、達成できたらその利用者が欲しいものを獲得できるという方法でした。私は奥田先生の発表を聞いて「これだ！」と思い、この方法を利用者に適用してみようと思い立ちました。

　さっそく施設の職員に手続きについて説明し、対象利用者に適用してみたところ、途端に効果を発揮し、他害行動が0に近い値まで減少するだけでなく、職員との望ましい行動が以前と比べて大幅に増えていました。このとき、私は応用行動分析学（ABA）に基づく支援方法の効果を確信しました。

　その事例は、本書の中でタカシさん（仮名）の事例（第6章）として掲載させていただきました。

I

障害福祉の分野において、近年の重要トピックの１つに挙げられるのが強度行動障害と言えるでしょう。強度行動障害とは、激しい自傷や他害、こだわり、睡眠の乱れ、異食、物壊しなどが通常考えられない頻度で起こる行動のことです。

　強度行動障害のある利用者を支援している養護者や施設職員が、昼夜問わずその激しい行動に対応しなければならないが故に、心身ともに疲弊してしまい、最終的に支援困難に陥ってしまうこともあります。

　施設職員が、はじめて強度行動障害のある施設利用者に直面したとき、何を思うのかは想像に難くありません。それらの激しい行動に面食らってしまうだけではなく、たいへん大きな衝撃を受けることでしょう。その際の支援者の心情としては、「なんとかしてこの利用者が幸せな方向に向くことができるように必死になって支援を考える」かもしれませんし、「施設職員を辞めてしまいたい」と思うほど疲弊してしまうかもしれません。あるいは、支援に対して熱心な職員であれば「どうにかして支援を行なって行動問題を減少させよう」と様々な支援を試みるかもしれません。しかし、やり方を間違えると、その支援者の一所懸命さが時には仇になってしまうことがあるのです。

　多くの場合、専門的な知識を学んでいないと、行動問題が起こった後の対応に終始してしまうことでしょう。しかし実を言えば、行動問題が起こった後での対応は、多くの場合、行動問題の軽減に関して手遅れであることが多いのです。そればかりか対応の仕方によっては逆効果になってしまう場合もあります。さらに、施設職員が支援に関して何も対応方法を学んでいない場合には、行動問題が起こってから強制的に止めようとすることを繰り返してしまい、結果的に、利用者の支援の効果は一向に上がらないのではないでしょうか。

　利用者によっては強制的に止められることによって、支援者の本来の意図とは反対に行動問題が増加してしまい、手が付けられないレベルまで激しくなってしまうこともあります。つまり、付け焼き刃だけの対応では強度行動障害のある人を支援することは難しいと言えるでしょう。

　行動障害のある人に効果を示しているものの1つが、本書のタイトルにも
なっているABA（Applied Behavior Analysis：応用行動分析）に基づいた
支援法です。このABAに基づく支援法はアメリカで開発された方法ですが、
わが国においても近年、急速な普及を見せています。特に知的障害や発達障害
のある子どもや成人への支援に関する研究の数が最も多く、その有効性が示さ
れています。もちろん、行動障害を示している知的障害者への支援においても
多くの研究の蓄積があります。

　しかし、わが国の福祉関係者に対して、ABAに基づく支援の普及は依然と
して進んでいません。その理由の1つとして、私は専門知識や理論の難しさ
があるのではないかと思っています。そのため、本書では初学者でもわかりや
すいように専門用語の使用を極力避け、さらに左ページに説明文、右ページに
一目でわかるように絵や図表などを掲載する構成にしました。

　ABAには、いくつかの重要な基本原理があるのですが、その最も重要な理
論が、強化の原理であると言っても過言ではないでしょう。強化の原理とは
「特定の刺激が行動の直後に出現するとその行動の将来の出現頻度は高まる
（島宗，2019）」と定義づけられています。わかりやすく言うと、「その人の行
動は、その直後にその人にとって嬉しいことが起こる（あるいは嫌なことがな
くなる）と、その行動が将来起こりやすくなる」ということです。

　その強化の原理を対人支援の現場で応用すると、「利用者の望ましい行動を
強化すること」であり、そのために **「利用者自ら獲得できるように、日常生活
の中に強化子を配置すること」** が、その人を自立に導く要点であると言えるで
しょう。

　利用者が示す不適切な行動のことを、問題行動と言うことが多いと思いま
す。しかし、問題行動ということばの裏には、「その人がそのような問題のあ
る行動をするのは、利用者本人に責任がある」というような本書の趣旨に合わ
ないような意味合いが含まれているため、本書では、「行動問題」という用語
で統一しています。ちなみに、行動問題の定義とは、「その人が示す行動は周

囲の環境との相互作用によって生じる問題である」という意味です。

　行動分析学では、行動の機能（行動の役割や目的の意味）を特定するために関数関係を分析することを機能分析と呼んでいます。しかし、本書で使用している行動問題という用語は、本来、具体的な行動のことを指すものではありません。そのため、「行動の機能」という言い方は正しいのですが、「行動問題の機能」という言い方は誤った使用の仕方になります。しかし、本書であえて「行動問題の機能」と使用している理由は、前述したように利用者支援を考える上で重要な視点である「その人の行動は環境との相互作用によって生じるものである」と捉えるためです。さらに、行動問題には「行動の責任を利用者本人自身に求めない」という重要な視点が含まれているため、行動問題という用語を本書では使用することにしました。

　本書の構成は、第1章に知的障害や自閉スペクトラム症に関する基本的知識やABAに関する基本原理などを解説しています。第2章では機能的アセスメントを中心として、行動問題を示している利用者に対して必要な様々なアセスメントについて記載しました。第3章、第4章では行動問題を軽減させるため、望ましい行動を増加・拡大させるために必要なABAに関する各技法を解説しています。第5章では、それらの技法を具体的な支援計画に落とし込むためのプロセスについて記載しました。最後の第6章に、筆者がこれまで関わってきた利用者に関する具体的な事例の紹介をしています。

　本書は、筆者にとってもこれまでの研究の集大成と言えるものであると言えます。本書を作成するにあたり、ともに励んできた施設職員の方々だけではなく、今まさに支援に悩んでおり、これから支援を試みようとしている職員の方々にとっても、お役に立てるものと考えています。

　　　　2019年12月

　　　　　　　　　　　　　　　　　　　　　　　　　村本　浄司

目　次

第4章 自立するために必要なスキルを教える方法 ………… 143

第1章

支援の考え方

1 利用者の理解について

（1）知的能力障害

　施設職員が支援の対象としているのは知的障害のある人です。以前より福祉の分野では「知的障害」という用語が使われてきましたが、医学（DSM-5）の診断名でも、知的（能力）障害（または、知的発達症／知的発達障害）と呼ばれるようになりました。どのような人が知的障害と定義されるかは、以下の3つの基準があります。

1. 知的機能の欠陥
2. 適応機能の欠陥
3. 上記の2つは、発達期（18歳に至るまで）に現れること

　知的機能とは、世間一般で言われる知能指数（IQ）などの数値により評価される場合が多いようです。知的機能を評価する場合には、心理検査である田中ビネー知能検査Vやウェクスラー式知能検査（WISC-Ⅳ）などが使用されます。これらの検査では、読み書きや計算だけではなく、論理的に物事を考えることができるか、あるいは困難なことが生じた場合に、自分で問題への解決手段を考え実行できるかなども含まれます。

　一方、適応機能とは日常生活や社会生活を送るにあたって必要なスキル全般のことを指します。例えば、他者とのコミュニケーション、食事や排せつ、着替えなどの身辺自立、あるいは電話、お金の計算や買い物、電車やバスなどに乗って移動できるといった地域生活に必要なスキルなども含まれます。このような適応機能を評価する方法としては「日本版 Vineland-Ⅱ適応行動尺度」などが挙げられます。知的能力障害の重症度は IQ により測られるものではなく、適応機能のレベルにより判断されます。なぜなら、どの程度支援が必要かを判断するためには、その人がもっている適応機能により判断されるためです。

　また、知的障害の診断基準である「発達期に現れること」の意味とは、これ

● 知的能力障害（知的発達症／知的発達障害）の診断基準（DSM-5）

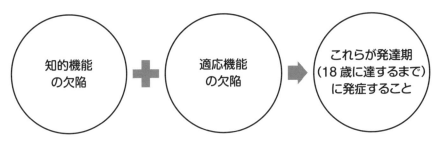

知的機能の欠陥　＋　適応機能の欠陥　→　これらが発達期（18歳に達するまで）に発症すること

● 知的機能の評価

知能指数の評価や知的障害の判定は、田中ビネー知能検査による評価や適応機能の有無などから実施される。

● 適応機能の例

他者との
コミュニケーションが苦手

着替えなどの
身辺自立が苦手

お金の計算が苦手

らの知的機能や適応機能の欠陥が 18 歳までに現れることを指しています。すなわち、18 歳以上になって、何らかの理由により知的能力が損なわれたとしても知的障害とは診断されません。

　ただし、米国知的・発達障害協会（AAIDD）（2010）によると、上記の定義には、以下のような前提があります。

1. 知的障害者のスキルを測るうえで重要なことは、**同年齢の人々が普通に暮らし、遊び、働き、交流しているような地域社会**（家庭、近隣、学校、職場など）の中で考えるということである。
2. 知的障害者の能力を妥当に評価するためには、コミュニケーションや感覚、運動、行動要因の差だけではなく、**その人の背景にある文化や家庭で話されている**ことばなどの民族性、あるいは話しことば以外のコミュニケーションや習慣なども考慮に入れること。
3. 知的障害者は環境から様々な制約を受けているが、その中でも**その人にとっての得意なことや強みはたくさんある**ものである。
4. どのような制約を受けているかを調べる目的は、その人にとって**必要な自立のための支援とは何か**を導き出すことである。
5. その人にとって適切な個別支援を長期に続けることによって、その人の**生活のために必要なスキルは改善**される。

　また、知的障害者には、以下のような特徴が見られる場合があります。
　①話しことばの遅れ
　単語がなかなか覚えられない、あるいはことばの意味などを理解できない場合があります。また、発音が不明瞭な場合が見られます。
　②物事を記憶することが苦手
　一度にたくさんのことを記憶することが苦手です。また、長い時間覚えておくことができません。
　③細かい作業や姿勢を保つことが苦手
　知的障害者の中には、様々なことが原因で運動障害を伴う人もいます。例え

ば、姿勢を保ちながら座ることが困難である人や、指先がうまく使えずボタン
やひもを結ぶことが難しい人もいます。

●強み（ストレングス）を見つけること

知的障害があったとしても、苦手なところばかりではなく、好きなことや得意なところ
もある。その人の強み（ストレングス）を見つける。

●知的障害者の特徴

話しことばの遅れ

記憶が苦手

細かい作業や姿勢が
崩れることがある

（2）自閉スペクトラム症

　施設を利用している知的障害者の中で、自閉スペクトラム症（Autism Spectrum Disorder：ASD）を合併している人の割合は少なくないでしょう。それにもかかわらず、現存している施設の中でも、特にハード面に限って言えば、1960年代から70年代にかけて建設された比較的古い施設の場合は、ASD者に合った環境を提供しているとは言えないかもしれません。

　その理由として、個室ではなく2人以上の共同部屋であったり、いつも同じ時間帯に食事や入浴や寝起きなどを強いられたり、"将来の集団生活のため"というよく分からない名目で他者と共同生活をさせられています。しかも彼らはそれを避けることができません。しかしそのような集団生活をしている本当の理由は「職員が合理的に支援をするため」と言ってもよいでしょう。

　また、ASD者は感覚過敏性などの感覚に問題のある人が多いため、大人数と協働で生活することは、必要以上に彼らに苦痛を与えてしまう可能性があります。そのため、刺激の多い環境では容易に不適応行動を起こしやすいかもしれません。施設で働く支援員は、ASD者個人の特性をよく把握し配慮しながら支援を行なう必要があります。

　ASDの有病率は人口の約1%強とされているため（Elsabbaghら，2012）、児童期では最もよくある障害の1つと言えるかもしれません。

　DSM-5によると、ASDの定義は以下の通りとなっています。

A．複数の状況で社会的コミュニケーションおよび社会的相互作用における持続的な欠陥がある。
B．行動、興味、または活動の限定された反復的な様式。
C．症状は発達早期に存在していなければならない。
D．日々の活動に制限を引き起こしている。
E．知的能力障害ではうまく説明されない。

　社会的コミュニケーションの欠陥とは、他者に自分の要求などを伝える際に

うまく伝えることができない、または相手のことばの意味を的確に捉えることができないということです。

　ASD者は、話しことばに遅れのある人もいますが、話しことばに遅れがな

●**集団生活を強いられる施設環境は ASD 者にとって苦手な刺激が多くあり、
生活することが困難な環境である**

●**自閉スペクトラム症／自閉症スペクトラム障害の主な診断基準（DSM-5）**

A. 社会的コミュニケーションおよび対人的相互反応における持続的な欠陥

B. 行動、興味、活動が限定された反復的な様式

C. 症状は発達早期までに存在していること

くても、一方的に自分の言いたいことだけを話してしまったり、反対に相手からの質問に対してはうまく答えられないなど、相手との意志疎通のやり取りが苦手です。また、他者と視線を合わせることや、相手の表情からその人の感情を読みとることも苦手です。そのため、他者の気持ちを無視したような行動をとってしまうこともあります。

次に、社会的相互作用とは人との関わり方のことです。すなわち、社会的相互作用の欠陥とは、他者との関わりがうまくいかないことを意味します。例えば、他者と適切な人間関係を形成したり、他者と遊びを共有したり、友達を作るなどの他者との関わりの部分でASD者は困難性を感じています。

「B. 行動、興味、または活動が限定されている」は、体を前後に動かすなどの常同行動と呼ばれるような常に同じ動きを繰り返すことや、相手のことばを繰り返す反響言語（エコラリア）を示したり、次の活動に移行することが難しかったり、常に同じ道順をたどったり、同じ食べ物を食べたりすることを要求するなどによって示されます。さらに、Bの下位項目のところで「感覚刺激に対する過敏さまたは鈍感さ、または環境の感覚的側面に対する並外れた興味」が新たに追加されました。ASD者は以前より、感覚の特異性があることが指摘されてきましたが、改めてそのような感覚の問題に対するアセスメントを実施し、支援の方略の中に含めることが求められることになりました。

「C. 症状は発達早期に存在していなければならない」についてですが、以前の診断基準であるDSM-Ⅳ-TR（2000）における自閉性障害の診断基準の中で、「3歳以前に始まる」とされていました。しかし、知的障害のない自閉症児（いわゆる高機能自閉症）やアスペルガー症候群の場合は、3歳以降になっても周囲の養育者や保護者から気付かれにくいということがありました。

そのため、新しい診断基準では「社会的要求が能力の限界を超えるまでは症状は完全に明らかにならないかもしれない」という文言が記されています。

すなわち、保育園などの幼児期までは周囲の人が、集団行動が苦手であっても知能や適応スキルに顕著な差が見られない限りは、その子どもに求めるレベルはそれほど高くない場合が多く、場合によっては問題なく幼児期を過ごすことができるかもしれません。

ASD者が無発語であったり、話しことばの遅れがある場合には、自分の言いたいことが相手に伝わらず、イライラしたり、かんしゃくを起こしてしまう可能性がある。

他者と適切な距離感で人間関係を形成することが難しい。例えば物理的・心理的距離が近すぎたり、反対に遠すぎたりする場合もある。

ASD者の感覚の問題（聴覚・触覚・視覚・嗅覚・味覚・その他、感覚の過敏・低反応）は、日常生活に深刻な影響を及ぼす。ASD者の多くが感覚の問題を抱えている。

しかし、小学校に入学すると「先生が板書した黒板の内容をノートに写すこと」や「授業中45分間椅子に座っていること」など、学力や集団行動などの子どもに求められるレベルが幼児期と比べて格段に上がります。

　そうなった場合にようやく、周囲の教員や大人たちが「先生の話が聞けずに、いつもぼーっとしているなあ」「この子は長い間、椅子に座っていられないなあ」などと、疑問に思うようなことがでてくると、ASDが疑われるようになり、そこではじめて医療機関に受診して明らかになる場合があります。

　また、ASD者の認知的特徴として重要なものに、先ほども挙げた感覚過敏・低反応があります。感覚の過敏・低反応とは人間の感覚である触覚、視覚、嗅覚、味覚、聴覚、あるいは熱さ冷たさなどの温感覚、あるいは前庭感覚を過敏に受け取ってしまったり、反対に感覚を感じにくかったりすることです。全てのASDの人に感覚過敏・低反応があるわけではなく、症状も人それぞれですが、このことは、ASD者の生きづらさの要因の1つになっています。例えば、携帯電話の着信音や掃除機の音に対して耳ふさぎをする（聴覚過敏）、偏食が激しい（味覚および嗅覚過敏）、少し触られるだけで叩かれたくらいの痛みを感じる（触覚過敏）などがその例です。一方、感覚低反応とは、後ろからその人の名前を呼んでも振り返らない、満腹感が得られずたくさん食べてしまう、尿意を感じにくく尿を漏らしてしまう、過度に物の臭いをかいだり触ったりするなど、感覚を感じにくいか、感じていても反応できないことを言います。また、低反応が故に感覚を探求する常同行動を示すこともあります。

　最近では、ASD者の感覚の問題についてのアセスメントツールである「日本版感覚プロファイル」が日本にも紹介されました。感覚プロファイルには、乳幼児向けの乳幼児感覚プロファイル（ITSP）、3〜10歳向けのSP感覚プロファイル（SP）、青年成人感覚プロファイル（AASP）の3種類があり、ITSPとSPは保護者が記入し、AASPは本人が記入することになっています。しかし、自己記録が困難なASD者の場合のために、保護者などが記入する日本版SPでは82歳までを対象にすることができます。

　他にも突然の予定の変更や新しい場所や人などが苦手な場合もあります。このことは、ASD者は不安傾向が強く、突然の環境の変化に対して柔軟に対応

集団行動や友達との関わりが苦手

先生の話が理解できない

耳ふさぎがある
（聴覚過敏）

偏食がある
（味覚・嗅覚過敏）

激しい運動が苦手
（前庭感覚過敏）

体を前後に動かす・
くるくる回るなどの常同行動
（感覚低反応）

することができないことが原因であると思われます。

　また、ことばの裏に隠された意味や皮肉などが理解できなかったり、代名詞や省略したことばを理解できないこともあります。たとえ相手が冗談で言ったとしても、本気で受け取ってしまう場合や、年長者などの目上の人に対して対等なことば遣いをしてしまいトラブルになることもあります。特に日本語独特の相手に文脈を読むことを求めるような言い回し（例えば、「暑いですね（クーラーを入れてほしいなあ）」）に対して、字義通りに受け取ってしまい、相手に配慮した対応をすることが苦手かもしれません。

　他にも重度の知的障害を伴う ASD 者の中には寝つきが悪かったり、夜中起きてしまったりする睡眠障害をもっていたり、てんかんを併存する場合も少なくありません。

　さらに、ASD 者の中には、発達障害の一種である ADHD（注意欠如・多動性障害）を併存する人が約 6 割います。ADHD は、「ケアレスミスや集中力に欠ける」「忘れ物が多い」などの不注意や、「落ち着きがなくじっとしていられない」などの多動性や衝動性といった特性が、7 歳以前に複数存在していて、日常生活に支障をきたしている状態をいいます。例えば、幼児期までは多動であったために ADHD と診断されていた子どもが、思春期以降に社会的不適応を起こし、あらたに ASD の診断が追加されることもあります。さらに、ASD 者が ADHD を併存した場合、かんしゃくなどの行動問題がさらに悪化するという研究結果も報告されています（Goldin ら，2009）。

　その他にも、ASD に併存しやすい発達障害として SLD（限局性学習症）や DCD（発達性協調運動症）が挙げられます。SLD の特性としては、文字を読むことや書くことが苦手であったり、算数や推論が苦手であったりすることで学業や職業、あるいは日常生活に意味のある障害を引き起こしている状態を指します。DCD の場合は、「縄跳びなどの全身運動が苦手」「はさみや靴ひもを結ぶなどの細かい作業が苦手」などの特徴をもっています。

　ちなみに SLD や DCD における症状は、どちらとも知的能力障害による症状で説明されるものではありません。

●社交辞令が分からない

相手のことばを字義通りに受け取ってしまったり、皮肉や冗談が分からず、そのことば通りに受け取ってしまう、言外の意味の理解の困難がある。

●他の発達障害との合併

他の発達障害の診断を併せて受けることもある。例えば、ADHDの特性である不注意さや多動性・衝動性を併せもつ場合もある。

（3）行動障害

　行動障害は医学上の診断名ではありません。行動障害は強度行動障害から由来することばであり、1988年から1989年にかけて、飯田雅子氏を代表とする行動障害児（者）研究会が行なった「強度行動障害児（者）の行動改善及び処遇のあり方に関する研究」の報告書によってはじめて使用された行政上の用語です。その報告書の中で強度行動障害とは、以下のように定義されています。

> 「直接的他害（嚙みつき、頭突き等）や、間接的他害（睡眠の乱れ、同一性の保持等）、自傷行為等が通常考えられない頻度と形式で出現し、その養育環境では著しく処遇の困難なものであり、行動的に定義される群。家庭にあって通常の育て方をし、**かなりの養育努力があっても著しい処遇困難が持続している状態。**」

　行動障害の評価方法の1つとして、1998年に強度行動障害特別加算事業の判定基準として出された**強度行動障害判定基準**を挙げることができます。この判定基準は、「ひどい自傷」「強い他傷」「激しいこだわり」などの11の行動ごとに頻度に応じて1点、3点、5点のいずれかの点数をつけ、その合計点数により評価するものです。ちなみに、10点以上を強度行動障害とし、20点以上を本事業の対象としていました。現在では、障害者自立支援制度の中で、行動援護などのサービスを受ける際の判定を行う基準の一部となっており、（右図）、10点以上の者（強度行動障害）をサービス対象としています。

　その他の評価法方法として、**異常行動チェックリスト日本語版（ABC-J）**を挙げることができます。これは、知的障害のある人の薬物療法や行動療法などの治療効果を評価する目的で開発されたものです。評価方法としては、0（「問題なし」）から3（「問題の程度は著しい」）までの4段階で評定される58項目の評価尺度となっています。これらの項目が興奮性、無気力、常同行動、多動、不適切な言語の5つのサブスケールのスコアとしてあらわされます。

　さらに、行動障害の評価だけではなく、適応行動の評価についても同時に行

●新法 行動援護及び重度障害者等包括支援の判定基準

年　　　月　　　日　　　様　記入者（所属）：
※調査日前1か月の状態について記入すること

行動関連項目	頻度及び程度		
	0点	1点	2点
コミュニケーション (3-3)	1. 日常生活に支障がない	2. 特定のものであればコミュニケーションできる 3. 会話以外の方法	4. 独自の方法でコミュニケーションできる 5. コミュニケーションできない
説明の理解 (3-4)	1. 理解できる	2. 理解できない	3. 理解できているか判断できない
大声・奇声を出す (4-7)	1. 支援が不要 2. 希に支援が必要 3. 月に1回以上の支援が必要	4. 週に1回以上の支援が必要	5. ほぼ毎日（週に5日以上の支援が必要）
異食行動 (4-16)	1. 支援が不要 2. 希に支援が必要 3. 月に1回以上の支援が必要	4. 週に1回以上の支援が必要	5. ほぼ毎日（週に5日以上の支援が必要）
多動・行動停止 (4-19)	1. 支援が不要 2. 希に支援が必要 3. 月に1回以上の支援が必要	4. 週に1回以上の支援が必要	5. ほぼ毎日（週に5日以上の支援が必要）
不安定な行動 (4-20)	1. 支援が不要 2. 希に支援が必要 3. 月に1回以上の支援が必要	4. 週に1回以上の支援が必要	5. ほぼ毎日（週に5日以上の支援が必要）
自らを傷つける行為 (4-21)	1. 支援が不要 2. 希に支援が必要 3. 月に1回以上の支援が必要	4. 週に1回以上の支援が必要	5. ほぼ毎日（週に5日以上の支援が必要）
他人を傷つける行動 (4-22)	1. 支援が不要 2. 希に支援が必要 3. 月に1回以上の支援が必要	4. 週に1回以上の支援が必要	5. ほぼ毎日（週に5日以上の支援が必要）
不適切な行為 (4-23)	1. 支援が不要 2. 希に支援が必要 3. 月に1回以上の支援が必要	4. 週に1回以上の支援が必要	5. ほぼ毎日（週に5日以上の支援が必要）
突発的な行動 (4-24)	1. 支援が不要 2. 希に支援が必要 3. 月に1回以上の支援が必要	4. 週に1回以上の支援が必要	5. ほぼ毎日（週に5日以上の支援が必要）
過食、反すう等 (4-25)	1. 支援が不要 2. 希に支援が必要 3. 月に1回以上の支援が必要	4. 週に1回以上の支援が必要	5. ほぼ毎日（週に5日以上の支援が必要）
てんかん (7-1)	1. ない 2. 年に1回以上	3. 月に1回以上	4. 週に1回以上

合計点数（　　　　点）

なう必要があります。なぜなら、行動障害を示す人の多くは、その場面に合った適切な行動を示すことができずに困っている場合が少なくないからです。適応行動の評価尺度としては、日本版 Vineland-Ⅱ適応行動尺度があります。

　その他にも必要に応じて、先ほども挙げた日本版感覚プロファイルでその人の感覚の問題を調べることによって、行動障害との関連性をアセスメントする必要があるでしょう。

　強度行動障害は、知的障害や ASD の程度と非常に関連が強いと言われています。特にささいなことで手を出したり、大声を出すなどの衝動性や、こだわりへの強い関心などに関連が深いと言われています（井上ら，2011）。そのため、ASD者の特性を考慮に入れた支援がたいへん重要になります。

　これまで筆者は様々な施設で行動障害のある人への支援に関わってきました。例えば、自傷や他害、かんしゃくや物壊し、睡眠の乱れ、こだわり、あるいは便や尿の塗りたくりなどといった激しい行動を示す人たちを見てきました。どのくらい激しいかと言えば、「血が周りに飛び散るくらい激しい自傷」であったり、「寝ている人の上にまたがって、その人を何度も殴打」したり、「1日に何度も水のみを繰り返し水中毒」になったり、「ドアが変形し開けられなくなるほど激しくドアを叩く」など、支援者が支援の実施に著しい困難性を感じるほどでした。

　行動障害が施設職員の困り感が強いのはもちろんですが、その人を子どもの頃から養育している家族の苦労は言うまでもありません。行動障害を示すことにより、家庭の中で著しい養育困難に陥り、家族も支援の方法が分からず途方に暮れて、養育の限界を感じ、入所利用できる施設を探すものの、該当する施設は一向に見つからず、やむを得ず短期入所サービスを長期間利用せざるを得ないといった事例も見られます。

　そのため、行動障害を示す当事者のみならず、行動障害のある人を支援している家族や施設職員にとっても、そのニーズは非常に高いと言えます。これらのニーズを解決するために、周囲の支援者は、知的障害や ASD に関する知識だけではなく、行動障害への支援方法についても習得しておく必要があります。

●**強度行動障害の例**

自傷

他害

物壊し

こだわり

睡眠の乱れ

異食

2 応用行動分析（ABA）の基礎

（1）行動とは？

ABAとは、B.F. スキナーが創設した基礎研究としての行動分析学を、人々の生活上の困難を改善する目的で応用したものです。これまでABAは、特にASDを含めた発達障害者や知的障害者に対して、適応スキルの獲得や行動問題の軽減などにおおいに貢献してきました。現在では、これだけにとどまらず、精神疾患のある患者への援助やリハビリ、スポーツ能力の向上、会社の組織マネジメント、健康管理など、様々な分野に応用されています。

ABAでは、行動を「外から観察可能である」と捉えます。しかし全ての行動が外観から観察可能かというと、中には難しい行動（その人の思考や感情など）もあります。

ABAでは、その人の**行動の原因をその人の内面（例えば、こころや性格など）に求めることはしません**。そのため、「その人が行動したのは、コンプレックスがあったからだ」「呪われているからだ」というような考え方はしません。

すなわち「**その人の行動は、その人の周囲の環境との相互作用によって生じる**」と考えます。これは、その人の行動は周囲の環境から影響を受けるとともに、周囲の環境に影響を与えているという意味です。そのことを行動と環境との相互作用と言います。また、環境とはその人の周囲にある物や人などその人の行動に影響を与える刺激全てのことです。つまり、その人の行動は周りの刺激から影響を受けて生じやすくなったり、反対に、生じにくくなったりするのです。**ABAに基づく支援の目標とは、それら周囲の刺激（環境）をコントロールすることによって、その人の望ましい行動を増加させ、不適切な行動を減少させる**というものです。そのため、その人の行動が増えたか減ったかを確認するためには、目に見える観察可能なものでなければならないのです。そこで、ABAではその人の行動を具体的に詳細に書くことを求めます。行動を具体的に書くことを**行動の定義づけ**と言います。

●ABA の主な適用領域

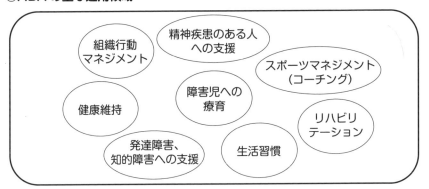

●その人の行動は周囲の環境との相互作用（交互作用）により生じる

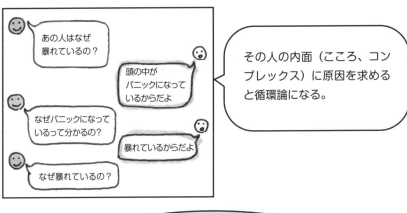

(2) 強化の原理

　われわれの行動は、日々どのようにして起こっているのでしょうか？　行動科学的アプローチからの考え方として、**「行動とは観察可能なもの」**に限定することから始めます。すなわち、「その人が行動したいから行動しているのだ」などとその人のこころに原因を求めるのではなく、「ある行動をした結果、生じる環境の変化により、行動の起こりやすさが変わる」と考えるのです。われわれの行動がなぜ起こっているのかを説明する上でもっとも基本的かつ重要な原理が「強化の原理」と呼ばれるものです。強化の原理とは、**「あるきっかけの後に、その人が行動し、その直後にその人にとって『うれしいこと』が起こると、その人の行動は再び起こりやすくなる」**という原理です。

　例えば、「ある子どもがお母さんにお手伝いするように言われて、台所のテーブルを掃除した後に、お母さんから褒められた」場合を考えます。その子にとって「お母さんから褒められた」ことがとてもうれしかった場合は、その子がお手伝いをする行動が再び起こりやすくなります。

　しかし、この場合の「うれしいこと」とは、ご褒美をもらったり、他者から褒められるなどの「うれしいことが生じる」場合だけではありません。その人にとって「嫌なことや苦手なことや命の危険があることなどを、避けたり、逃げたりすること」もその人にとってうれしいことなのです。例えば、「学校に行きたくないので、登校の時間になると、母親に病気だと偽って布団に潜り込む」場合を考えます。この場合のうれしいこととは「学校に行かなくても済むこと」です。すなわち、「学校にある何らかの本人にとって苦手なもの」を避けられることが、その子にとって「うれしいこと」なのです。以上のように**「うれしいことが生じる」**あるいは**「嫌なことを避けられる、逃げられる」物や事象**のことを**強化子**と呼びます。

　強化子の種類として、食べ物や飲み物、お金やポイントカードのポイント、その人にとっての好みの物や活動、異性への興味や恋愛などの性的な物事、褒めことばや笑顔、他者からの反応、さらに暑さや寒さ・恥ずかしさ・痛み・苦しみなどの嫌な刺激から逃れたり、避けたりすることも強化子に含まれます。

●強化の原理

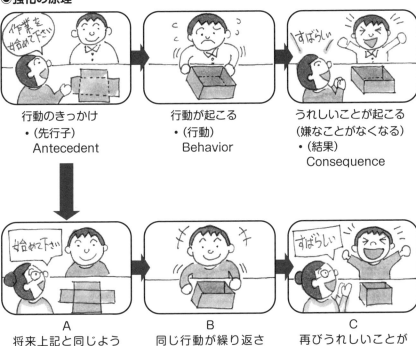

行動のきっかけ
・（先行子）
Antecedent

行動が起こる
・（行動）
Behavior

うれしいことが起こる
（嫌なことがなくなる）
・（結果）
Consequence

A
将来上記と同じような
きっかけが起こっ
たとき

B
同じ行動が繰り返さ
れる

C
再びうれしいことが
起こる

●強化の原理の例

（A）きっかけ
母親からの
お手伝いの指示

（B）行動
お手伝いをする

（C）結果
母親に褒められる

強化子を提示するタイミングは、「その人が行動した直後」に強化子を提示することが最も効果的だと言われています。直後とはどのくらいのタイミングかというと、行動が起こってから0.5秒後だと考えてください。ただし、0.5秒のタイミングをつかむことなどほとんど困難ですので、行動が起こった直後と捉えてください。すなわち、行動が起こってから強化子を提示するまでの時間が長ければ長いほど強化子としての効果は低下していき、60秒を過ぎるとその効果はほぼなくなると言われています（杉山ら，1998）。

●一次性強化子の例

飲食物

暑さ・寒さ・痛みなどを
避けるための物

恋愛や性的刺激

睡眠

一次性強化子は、人が生きていく上で必要な強化子であるため、とても強力である。

●二次性強化子の例

誰かからの注目

褒められる

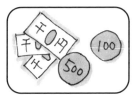

お金

ポイントカードの
ポイント

二次性強化子は、一次性強化子と一緒と提示されることによって
効力を発揮するようになる。

●強化子の効力と時間の関係

行動する

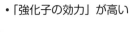

行動の直後の強化
・「強化子の効力」が高い

行動した後60秒以上たってから強化
・「強化子の効力」の低下

(3) 消去の原理

　消去の原理とは、「**それまで強化されてきた行動が、強化されなくなると、その行動が減少する**」原理のことです。そのため、その人の行動を消去するためにはその人が行動した後に周囲の人が反応しないという方法をとります。

　消去へのよくある誤解として、「その人のことを無視するという意味」で誤って捉えられることです。あくまで、ある特定の行動に反応しないという手続きであり、その人が示している全ての行動に反応しないわけではありません。

　具体的に消去の手続きを検討する場合には、その人の減らしたい行動について定義をし、その行動が出た後、「その人が強化子を獲得できない」ように手続きを実施する必要があります。

　例えば３歳の男の子が飛行機を見る度に、母親に対して「飛行機だね」と教える行動が、母親が「ほんとだ。飛行機だね」と答えることによって強化されていたとします。

　この場合、子どもの「飛行機だね」の直後に、母親が強化子である「そうだね。飛行機だね」を言わなくなったり、いっさいその子どもの方向を見なかったり、微笑まなかったりを継続すると、子どものその行動は消去され、母親に「飛行機だね」と言わなくなってしまいます。

　行動問題への適用例としては、例えば、職員が近くにいるときに職員からの注目が欲しくて頭叩きをしている利用者がいるとします。この場合、職員が「何やっているの」「大丈夫」などの注目反応がこの利用者にとっての強化子になってしまいます。この利用者に対して消去の手続きを行なう場合、利用者が頭叩きを行なった後に「何やっているの」などのことばかけは一切行なわず反応しないことです。また、頭叩きをしている間はその利用者を注目さえもするべきではないでしょう。

　しかし、**行動問題に対して消去を適用する際に困難な部分として、消去を開始した後に行動の頻度が一時的に増える現象があることです（消去バースト）。**消去バーストでは行動の頻度が高まるだけではなく、その人が感情的になったり攻撃行動や破壊行動を伴う場合もあります。これは消去手続きを実行する場

●消去の原理

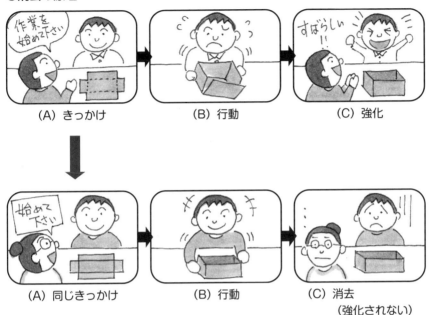

●消去に対する誤解

消去は特定の行動に反応しない（強化しない）手続きであり、対象者自身を無視するという意味ではない。行動問題が起きても普段通りの行動（自分の作業）に専念する。

合に最も気をつけなければならない現象です。

　もしも消去バーストが起こって行動の頻度が一時的に増加したり攻撃行動などが起こったりすると、職員はその行動への対応に苦慮してしまうでしょう。その後、職員が消去を継続して実行できればよいのですが、職員が慌ててしまい、消去バーストによって激しくなった行動を止めようと、誤って反応してしまうと、それ自体がその激しい行動を強化することになってしまいます。それによって、かえって行動問題を悪化させてしまうことにつながるのです。

　つまり、消去バーストにより、頻度や強度が一時的に増加した行動を誤って強化してしまった場合には、その「一時的に増加した行動」を利用者が学習してしまい、その激しくなった行動を職員がさらに消去しようとしてもうまくいかずに、結局行動を悪化させてしまう危険性を伴うのです。

　そのため、支援の中で消去を適用するときの注意点として、「とにかく行動問題には一貫して反応しない」ことを職員一同であらかじめ確認しておくことが重要です。また、複数の職員が共同で消去による支援をしようとしているときには、特に職員間で差が出ることなく、誰か1人が誤って強化してしまわないように気をつける必要があります。消去は簡単なようで、支援者のスキルを求められる手続きなので、単に消去の手続きのみの支援は控えた方がよいでしょう。実施するのであれば、**「対象者の望ましい行動を見つけ、その行動を強化する」**支援を同時に行なう必要があります。

　また、消去の手続きを開始した後、消去バースト経過後は行動がすぐに減少するというわけではなく、その後一時的に行動が増えるというプロセスを経ます（自発的回復）。ただし継続して消去手続きを実施すれば、いずれ行動は減少していきます。

◉**消去手続きの際の行動問題の頻度のグラフ（イメージ）**

（誤って強化した場合）

行動の頻度が高いときに、強化（あるいは反応）してしまうとますます頻度が高まり、行動は減らない。

行動の頻度が一時的に増え、攻撃的行動や破壊行動を伴う場合もある。

自発的回復

行動の頻度（回）

セッション

◉**消去のみによる支援が難しい理由**

行動問題の頻度が
一時的に増える

感情的になってしまう

攻撃的行動が起こる

バースト時に強化してしまうと、
バースト時の激しい行動問題が
強化される

（4）弱化の原理

　強化の原理は、「あるきっかけで、行動が起こった直後に、その人にとってうれしいことが起こったり、嫌なことがなくなったりすることによって、行動が再び起こりやすくなる」ことでした。

　一方、弱化の原理の場合は、強化の原理とは反対に、「あるきっかけでその人の**行動が起こった直後に、その人にとって苦手なことや嫌なことが生じることにより、行動が起こりにくくなる**」原理のことです。その人にとって、「嫌なことが生じる」意味は、本当に苦手なことに直面したり、嫌なことが起こったりすることだけではなく、その人にとって**うれしいことがなくなったり、奪われたりすること**も含まれます。

　一般的に、弱化の原理はどのような支援の手続きがとられるかといえば、その人の行動の直後に、嫌悪刺激（例：言語叱責、運動場を走るように言われる）を直接提示する方法や、罰金や没収などのうれしい物を剥奪する方法などがあります。例えば、「ある利用者が作業中に職員に話しかけると、職員は『うるさい。早くやれ』と言語叱責したら、その利用者はしばらく話さなくなる」事例を考えます。この場合の行動は「職員に話しかける」ことです。その後に利用者にとって嫌な刺激である職員からの叱責が生じることによって、職員に話しかける行動が起こりにくくなるということになります。

　しかし、これらの弱化の手続きは倫理的な問題をはらんでいます。近年の障害者虐待防止法の施行に関連し、適用を慎重に考える必要があります。また、弱化の適用を慎重に考えなければならない理由は他にもあります。

　1つ目の理由は、弱化手続きは非常に即効性があり、効果が出やすいのですが、その**効果は一時的**であり、しばらくすると、行動問題の頻度も適用前に戻ってしまうということです。そのため、長い目で見ると効果があるかどうかは疑われます。

　2つ目は、弱化手続きを用いると、**弱化をする人から隠れて行動問題をしてしまう**ようになります。例えば、泥棒は家の住人にばれないように盗みを働きます。住人がいるときに堂々と盗みを働く泥棒はいないわけです。速いスピー

●弱化の原理（嫌なことが生じるケース）

| きっかけ | 行動 | 弱化
（嫌な結果が生じる） |

●弱化の原理（うれしいことがなくなるケース）

| きっかけ | 行動 | 弱化
（うれしいことがなくなる） |

●弱化子の例

暑さ寒さ・痛み　　　　大切な物を奪われる　　　　恐怖を感じるもの
（強化子の没収）

ドで車を運転する人でも、パトカーが近くを通るとスピードを落としますが、パトカーがいなくなると再びスピードを速くしてしまうかもしれません。

3つ目の理由として、弱化された人は**感情的になってしまったり、反対に気分が落ち込んでしまってうつ状態になる**場合も考えられます。

4つ目の理由は、弱化をし続けると弱化を受けている人がその弱化に慣れてしまうという問題もあります。そのため弱化を与えても、今までのような効果がなくなってしまうため、これまで以上の激しい弱化をするようになるかもしれません。

最後の理由が、**何をしてはいけないかを学ぶことはできますが、本当は何をすればよいのかということを学ぶことはできません**。そのため利用者は、何をすればよいか分からずに結局行動問題を繰り返してしまいます。そのため、弱化の手続きだけで行動問題を減少させることは難しいことになります。

これまで ABA における研究の中で、行動問題を示す人に対する弱化を用いた研究が行なわれてきました。しかしながら、どの研究においても行動問題に対する一時的な効果は示すのですが、永続的にその人の行動を改善するまでには至っていません。

そこで1990年代に入り新たに対象者にとって嫌悪的ではないアプローチが台頭してきました。PBS（積極的行動支援：Positive Behavior Support；Koegel ら，1996）と呼ばれるその考え方は、今ではわが国においても、学校教育や福祉の分野で拡大しつつあります（平澤・小笠原，2010）。

PBS の特徴としては、「個人の価値観を尊重すること」「機能的アセスメントに基づくこと」「包括的であり複数の支援から構成されること」「将来の生活を見通した支援を考えること」「日常生活場面におけるライフスタイルの改善」「日常的に使える資源を活用すること」「支援の対象は代替行動や望ましい行動、行動問題の減少だけでなく、QOL の向上まで含むこと」を挙げることができます（Bambara & Knoster, 2009）。

●弱化（罰）に基づいた手続きのリスク

弱化した人を
避けようとする

正しい方法を
学ぶことができない

効果が一時的である

感情的になる、
または落ち込む

弱化そのものに
慣れてしまう

●PBS（積極的行動支援）の特徴

①個人の価値観（好みなど）の尊重

②機能的アセスメントに基づくこと

③包括的であり複数の支援で構成

④将来の生活を見通した支援

⑤ライフスタイルの改善

⑥日常的に使用できる資源の活用

⑦代替行動・望ましい行動の増加、行動問題の減少だけでなく QOL の向上も
含む

(5) 行動問題が起こるメカニズム

　これまでにわれわれの行動は、様々な結果によって強化され、維持されていることを解説してきました。実は、**利用者の行動問題もわれわれの行動と同様に、何らかの結果によって強化され、維持されている**ことが分かっています。なぜなら、行動問題もその人にとっては行動の一部であるからです。それではどのようにしてその人の行動問題は学習され維持されてしまうのでしょうか。

　行動問題とはその人にとっての誤った行動です。誤った行動が強化されてしまい、正しい適切な行動が強化されない理由は以下のことが考えられます。

　ASD や知的障害がある場合、何らかの理由があって本来行なうべき正しい行動が表出できない場合があります。例えば、話しことばに遅れがある知的障害や ASD の子どもは、適切な方法（例：話しことばやサインなど）で食べ物を要求したり、母親からの注目を引いたりすることができません。そのため、母親も子どもの適切な行動を強化する機会が少なくなってしまいます。一方、その子どもが適切な行動を表出できないとしたら、どうにかして周囲の人（特に母親）に対して自分をアピールしたり、要求を伝えなければなりません。そうしないと、子どもは自分で食べ物を獲得したり、危険なことから命を守ることができないからです。

　そこでその子どもがとる手段は、泣いてみたり、物を投げてみたり、自分を叩いたり、人を叩いたりなどの **"インパクトの強い行動"** を周囲に示すのです。なぜなら、インパクトが強い行動は、多くの場合、周囲の人が反応してしまうことが多いからです。特にその子の親は、行動問題などの周囲に迷惑をかけることがある場合、あわててその子を叱責したり止めようとしたりする行動をしてしまいます。結果的にそのことが意図せずその子の行動問題を強化してしまっているのです。すなわち、その子にとっては親に他に伝える手段がないためやむを得ず行動問題を表出してしまっていることが多いのです。つまり、行動問題とは**周囲の人へのコミュニケーションとしての役割**を果たしていると言えるのです。

●行動障害へ至るメカニズム

①自閉スペクトラム症や
知的障害の特性
話しことばの遅れや
コミュニケーションが困難

②適切な形態で
コミュニケーションが
できない

④インパクトが強いため、
不適切な行動に対して
周囲の人が反応
（強化される）

③不適切な形態での
コミュニケーション
（泣き、叩き、物投げ……）

⑤不適切な行動が
ますます増加し、
強度や頻度も多くなる

⑥行動障害へと発展
（自傷、他害、物壊し）

（6）支援者が心がけておくべきこと

　ABA では、その人の行動について考えるときに、「**観察可能な客観的に見える行動のみ考えるべきであって、その人の内面である性格やこころの中についてはとりあえず横に置いておく**」ことが重要です。なぜなら、その人のこころの中は他人からは目には見えず観察が不可能なものだからです。施設の利用者の行動について考える場合も同様です。支援者、あるいは施設職員も、観察可能な行動から機能を推測するという考え方をしなければなりません。

　例えば、利用者が行動問題をしたとしても、「利用者が悪い」「あの利用者はやる気がない」「行動問題をするのは利用者にコンプレックスがあるからだ」などと、行動問題の原因を本人の責任や本人のこころの中に求めてはいけません。人のこころの中は見えませんし、周囲の人が勝手に推測している可能性が高いためです。そのため、利用者のこころの中に原因を求めても問題は解決しません。その代わりに、**職員がその利用者との関わり方をどのように変えればよいか**、あるいは**その利用者を取り巻く環境をどのように変えればその人の生活環境は改善するのか**などのような考え方をするようにしましょう。

　仮に、利用者本人のこころの中に原因を求めたとしましょう。その場合、支援者は、「利用者自身が努力していないからだ」「利用者は怠け者だ」と考えてしまい、仮に、支援者が利用者から被害に遭った場合に、支援者の怒りが利用者に向き、冷静な支援を行なうことができなくなるかもしれません。

　また、利用者のこころの中に原因を求めることは、解決不可能な「循環論」に陥ってしまう可能性があります。循環論とは、例えば、「あの人はなぜ物を壊しているの」という命題に対する答えが「物を壊したいからだよ」というこころの中に原因を求めてしまい、さらにその回答に対して、「じゃあなぜ壊したいって分かるの？」→「物を壊しているからだよ」→「なぜ物を壊しているの」→……などと堂々巡りになってしまい、物壊し行動の真の原因に到達できないのです。すなわち、われわれ支援者は利用者の観察可能な行動のみを記録し、そこから原因を推測し、仮説を立て、支援計画につなげなければなりません。その方法について本書では体系的に述べることにします。

●その人の内面（こころなど）は外部から観察することはできない

●循環論では物事の本質を捉えることは難しい

なぜ物壊しを
しているの?

壊したいからだよ

なぜ壊したいと
分かるの?

物壊しをして
いるからだよ

（7）支援者の目標とは

　支援者は利用者に対して、最終的に何を目標に支援すればよいのでしょうか？　施設を入所利用している場合には、地域においてその人が住みたい場所で一緒に住みたい人と（あるいは1人で）生活することでしょうか？　しかし、必ずしもそれだけとは限りません。なぜなら利用者の中には、施設で夜間もサポートを受けることができる環境が必要な人もいるからです。

　すなわち、利用者支援で大切なこととは、その人が将来何をしたいのか、何になりたいのか、どこに住みたいのか、誰と住みたいのかなど、希望やニーズを聞き、その実現のために必要な支援を組み立てていくことなのです。その実現のために支援者は、「必要な環境設定とは何か」「求められる利用者の適応スキルとは何か」を調べアセスメントし、それに基づいて、個別支援計画を立てる必要があります。つまり、**求められる支援とは、職員の都合によるものではなく、利用者本人が何を望んでいるかに基づかなければならない**ということです。

　さらに言えば、支援を行なう上では、どちらかというと家族の困り感の方が優先されてしまい、本人の希望や思いが組み込まれない傾向があります。そのため支援者は、本人の希望をいかに支援計画の中に盛り込んでいくかを考えなければなりません。

　しかし、本人の希望を聞く上で、意思表示や意思決定が困難な人はどうすればよいのかという疑問もあると思います。しかし、どんなに最重度の人でも意思表示をしていない人などはいません。すなわち、どんなコミュニケーションが困難な人でも、何らかの形態で意思表示はできるはずです。

　そのため、われわれはその人たちの意思決定を読み取る工夫をしなければなりませんし、意思決定の方法について支援しなければなりません。

　一方、避けなければならないこととして、本人の意思をいっさいくみ取らずに、支援者側の都合だけで支援を組み立ててしまうことです。そのような支援は、その人を中心とした支援とは言えず、その人らしい生活からかけ離れたものとなってしまうでしょう。

◉利用者支援における必要な心がけ

- 利用者のニーズを把握すること
- 本人から希望を聞くこと
- 意思決定支援
- 職員や周囲の都合ではなく本人の意向を尊重すること

◉意思決定支援の方法の例

写真や絵などの
選択肢を提示する

要求の方法を教える

いつでも利用者の要求が
可能となるような環境を設定する

第2章
行動問題を示す人への
アセスメント

1　支援の前にやるべきこと

（1）機能的アセスメント

　機能的アセスメントとは、**利用者が示している行動問題の機能を特定したり、行動問題が起こりやすい状況を特定**したりすることによって、行動問題の軽減につなげるための手立てを考えるための重要なアセスメントであり、その効果については、先行研究で明らかにされています（Sugai ら，2000）。利用者本人の情報だけではなく、その人を普段から支援している職員、あるいは施設や家庭内などの周囲の環境に関する情報も収集します。

　現在では、行動問題の機能を特定する上で、利用者のことをよく知っている関係者から情報を収集することによりその行動の機能を特定する包括的なアセスメントである機能的アセスメント・インタビュー（O'Neill ら，1997）が開発されています。

　アセスメントの手順としては、行動問題に困っている利用者や家族、職員などから主訴（言いたいこと、してほしいこと）を聞き、さらにニーズを聞き出していきます。ここでのニーズの多くは行動問題の軽減ですが、それだけではなく、同時に**利用者本人の望ましい行動の増加や拡大についても検討**しなければいけません。

　また、家族や職員などの関係者から情報を聞き出すことによって、行動問題の機能や起こりやすい状況について明らかにします。その場合に、施設環境だけではなく家庭環境に関する情報も収集すると行動問題の見えにくい要因が明らかとなります。機能的アセスメントでは、関係者から情報を聞く場合に行動問題が果たしている４つの機能（注目獲得、要求、逃避・回避、感覚）いずれかの可能性について検討していきます。また、行動問題が起こりやすい場面や環境についても調べる必要があります。それらの情報に基づいて実際に行動問題が起こりやすい場面で職員が直接観察し、行動問題に関する記録を行ないます。そのアセスメント結果に基づいて仮説を立て、具体的な支援計画を立案します。

●関係者から聴取するべきアセスメント情報

利用者のコミュニケーション手段について ・話しことばの有無やことばの遅れ、代わりのコミュニケーション手段	**利用者の好みについて** ・好みの飲食物、活動、物品、人など	**食事の状況** ・食べ物の好み、食事の時間帯、食事の様子など
睡眠の状況 ・就寝・起床時間、睡眠時間、夜中に目が覚めるかなど	**服薬状況** ・薬の種類や効能、副作用について	**利用者の行動問題について** ・行動問題の定義、機能持続時間、頻度、強度
地域での活動や外出機会 ・施設からの外出の機会や頻度、活動など	**感覚の問題はあるか** ・特定の感覚の過敏や低反応はあるか、それによって日常生活にどのような影響を与えているか	**日課の変更や環境の変化による本人への影響** ・突然の予定の変更に対する本人への影響
日課スケジュールの中で行動問題に影響を与えるもの ・日課の中での得意な活動や苦手な活動、起こりやすい（起こりにくい）場面	**1日のスケジュール** ・行動問題が起こりやすい（起こりにくい）時間帯	**身の回りの生活用品や趣味の物などの配置について** ・居室やデイルームに物がどれだけ配置されているか
選択機会 ・衣類、食事、作業内容、場所、趣味の活動などの選択機会	**職員の配置の状況** ・1人の利用者に対する職員の配置人数が適切か	**家族と接する機会** ・家族と会う機会や、実家への帰省機会、家族との面会の影響

●機能的アセスメント・インタビュー（FAI）簡易版（O'Neill ら，1997 を改変）

インタビュー年月日	年	月	日

対象者氏名		年齢		性別	男・女	診断名	
面接者				回答者			

行動問題について

行動問題の定義 （具体的な様子）	
行動の頻度	
行動の持続時間	
行動の強さ	
服薬	
医療上の問題や身体の状態	※例えば、喘息、アレルギー、発疹、鼻炎、月経に関係した問題
睡眠の状況	
食事の日課と食事内容	
対象者は１日のスケジュールはどのくらい予測可能か	
選択機会	※例えば、食べ物、服、おしゃべり、余暇活動など
感覚の過敏・低反応（聴覚・触覚・嗅覚・味覚・視覚、その他）	
感覚プロファイルの結果	
職員の配置の状況	※例えば１：１、２：１など
「行動問題が最も**起こりやすい**」時間、場所、活動、人など	
「行動問題が最も**起こりにくい**」時間、場所、活動、人など	
行動問題のきっかけ	※例えば、特定のことをやるように指示する、騒音、光服など

次のような状況では、対象者にどのように影響しますか？（行動問題の機能の特定）	
難しい、あるいは苦手な作業や課題などをやるように指示する	
好みの活動を中断させる	※例えば、好きな物の食事中や、テレビを中断させられる
予告なしのスケジュールの変更	
欲しいものが手に入らない、やりたい活動ができない	※例えば、食べ物が手の届かない棚の上にある
しばらくの間、注目されない、1人にされる	※例えば15分くらい
行動問題の後に得られるうれしいことや人	
行動問題の後に避けられる嫌なことや人	
対象者の行動特徴について	
対象者の主たるコミュニケーション方法	
話しことば以外のコミュニケーション手段の有無	
話しことばによる指示の理解	
日課スケジュールの中で行動問題に影響を与えるもの	
生活用品や趣味の物などの配置について　居室	
生活用品や趣味の物などの配置について　デイルーム	
食べ物の好き嫌い	
好きな活動や物、人	
家族と接する機会や様子	
地域での活動や外出機会	
行動問題のこれまでの経過や、これまで実施した支援プログラム、およびそのプログラムの効果について	

（2）利用者について調べる

　利用者について調べるべき内容の大半は、施設として既に情報収集済みであることも多いと思います。例えば、年齢や身長体重などの身体状況を含めた個人プロフィールや生育歴、来所歴、あるいは知能指数や心理検査の結果なども含まれます。ここでは、行動問題を支援する上で必要な機能的アセスメントの詳細について述べます。

1）利用者のコミュニケーション手段について

　基本情報に含まれるかもしれませんが、利用者の音声による話しことばについて調べることは重要です。すなわち、本人が話しことばをもっているのか、話しことばがある場合には「どの程度流暢に他者に伝えることができるのか」「もし話しことばがない場合には、他にどのような手段で他者とコミュニケーションをとることができるのか」などの情報です。

　利用者の話しことばに遅れがあったり話しことばがなかったりする場合には、他者に対して要求を伝えたり、他者からの注目を獲得したりする上で、本人にかなりの労力がかかっている可能性があります。そのため、話しことばの代わりに、「本人がジェスチャーなどの身振り手振りによるコミュニケーションをできるのか」、あるいは「絵カードや音声出力機器（スマートフォンなども含む）を使用して相手に伝える手段をもっているのか」どうかを確認する必要があります。

　なぜなら、利用者が適切なコミュニケーション手段をもっていない場合には、容易に行動問題を表出してしまう可能性があるからです。すなわち行動問題は**周囲の人にとってインパクトが強いコミュニケーション行動ですから、より強化されやすい**と言えるでしょう。インパクトの強い行動は目立ってしまうため職員もすぐに反応してしまう可能性があるからです。

　話しことば以外のコミュニケーションの手段として、職員の手を引っ張って連れて行く（クレーン行動）などの、簡易的な方法でも構いませんので、利用者がどのようなコミュニケーション手段をもっているのか、あるいは獲得できるのかを前もって調べておきましょう。

◉利用者のコミュニケーションについて

①話しことばはあるか
②話しことばがあるとしたら、遅れているかどうか（どの程度話せるか）
③話しことば以外のコミュニケーションの手段はあるか
- クレーン行動
- 簡単な身振り手振り（ジェスチャー）
- 指さし
- （支援者や対象物を）触って教える
- 不適切な方法により伝える
④代わりのコミュニケーションの手段はあるか
- 絵カード（PECS含む）
- VOCA（スマートフォン、レコーダーなどの音声出力機器）

◉コミュニケーションの不通から行動障害に至るケース

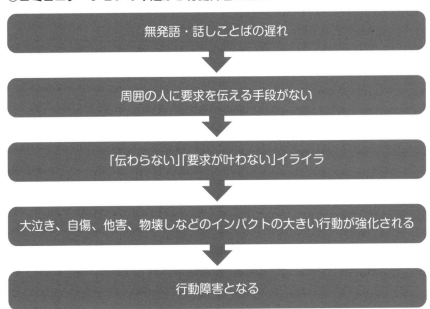

無発語・話しことばの遅れ

↓

周囲の人に要求を伝える手段がない

↓

「伝わらない」「要求が叶わない」イライラ

↓

大泣き、自傷、他害、物壊しなどのインパクトの大きい行動が強化される

↓

行動障害となる

2) 利用者の好みについて

　「利用者の好みを調べる」とは、すなわち利用者が好きな飲食物、玩具や趣味の物、本や雑誌、キャラクター、あるいは活動などがあるかどうかを調べることを指します。また、「利用者が日常生活の中でどの程度好みの物や活動に接する機会があるのか」についても調べる必要があります。

　利用者の好みを調べる理由としては、**利用者が日常生活を送る上での動機付けとなったり、望ましい行動の強化子として使用したりするため**です。また、日常的に好みの事物や活動を選択する機会が多い利用者は、行動問題の予防につながります（Bambara & Koger, 1996）。そのため、支援者は、利用者の好みの事物や活動を把握し、可能な限り利用者がそれらを選択できるように施設の中で環境調整する必要があります。

　さらに前もって利用者の好みの事物を調べておくことで、望ましい行動をしたときの強化子として設定することができます。

　利用者の好みについて調べる方法として、家族や日常的に関わりのある職員、あるいはこれまでその利用者の支援に関わってきた関係者に聞くことが一番分かりやすいでしょう。ただし、いくら関係者に質問しても好みが明らかにならない利用者のような場合にはどのようにして調べればよいのでしょうか？

　食べ物や飲み物に関しては強化子としての効力が非常に高いので、そのような利用者でも比較的好みが明らかになりやすいのではないかと思います。しかし、好みの物や活動を調べるとなると、これまで様々な物（玩具や趣味の物）に触れる機会が少なかったり、あらゆる活動を経験してこなかったりした利用者の場合には、施設で提供する物や活動に生まれてはじめて接するという可能性もあるのです。そのため、どのような物や活動がその利用者の好みなのかは、実際に提供し体験させないと分からない場合があります。

　実際に体験させてみて、その**利用者の反応に笑顔が見られたり、繰り返し接しようとしたりするなどの肯定的な反応**であれば、その利用者にとって興味がある活動の可能性があります。

●好みや選択肢の効果

好みの物・活動に接する機会があると満足する可能性が高まり、その人の行動問題は低く抑えられる。

●好みの物や活動の例

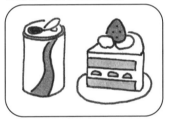

好きな食べ物・飲み物
・食事のメニュー
・自動販売機
・お菓子

好きな活動
・外出機会
・買い物
・旅行
・ドライブ

好きな物品
・趣味の物
・趣味の活動での道具

好きな人
・職員
・家族
・友人

3）食事の状況

　利用者の好きな食べ物だけではなく苦手な食べ物を調べることで、それが行動問題に対してどのように影響しているかを検討しなければなりません。また、多くの施設の場合、食事の提供時間が決まっていることが多いかもしれませんが、「利用者が決まった食事の時間まで待つことができない」、あるいは「利用者本人が空腹ではないタイミングで食事を提供される」などの特定の状況が行動問題に影響している場合もあります。

　さらに、利用者の中には口腔の感覚に問題がある場合もあり、特定の食べ物の感触が苦手であったり、舌触りが苦手であったりする場合にはそのことが原因で偏食や拒食を招く要因となります。

4）睡眠の状況

　夜中、頻繁に目が覚めたり、早めに起きすぎて起床時間が夜中になってしまったりする利用者の場合には、日中に利用者が睡眠不足になってしまい、そのことが行動問題に影響してくる可能性があります。さらに、利用者が睡眠不足の状態であるにもかかわらず、職員が利用者に作業を無理強いしたりすることで、利用者をイライラさせてしまい、かえってそのことが行動問題の要因になっている可能性もあります。

5）服薬状況などについて

　利用者は、様々な理由でいろいろな薬を服用しています。例えば、てんかんなどの持病がある場合など、やむを得ない事情で服薬していることもあります。さらに、一度に多くの薬を服用しなければならない利用者もいます。職員は服薬によって利用者の行動にどのような影響を及ぼすのかをかかりつけの医師から情報を得ることによって把握しておかなければなりません。薬によっては、**利用者の行動の水準を低下させる目的のもの**もありますので、そのことが作業を含めた日常生活に影響することはおおいにあり得るでしょう。

6）利用者の行動問題について

　利用者の行動問題について調べるときに必要な情報とは、「行動問題の定義」「頻度」「強度」などです。行動問題を書くときには、**行動問題を具体的に記述する必要があります**。すなわち、「自傷」「他害」「こだわり」といったあいま

●**食事の状況を調べる**

食事時間が待てない、お腹がすいていない、食事のメニュー内容や利用者との関係などが関係している可能性がある。

●**睡眠の状況を調べる**

睡眠の状況や睡眠不足などがその人の行動に影響している可能性がある。

●**薬の影響を把握しておく**

服薬は、その人の行動におおいに影響するため、その効能を把握しておく。

いな書き方ではなく、「手のひらで激しく後頭部を 5、6 回程度叩く行動」「片方の足で強めに他者を蹴りつける」などのように、その人の行動を説明するために具体的に記述する必要があります。

　行動問題の頻度とは、行動問題の多さがどの程度かを調べるものです。1 日に何回も起こっているようであれば、1 日あたり 10 回、もっと起こっている場合には、1 時間あたり 20 回といった書き方をします。反対に、頻度はそれほど多くないのであれば、1 ヵ月に 1 回のような書き方をします。

　行動問題の「強度」とは、行動問題の強さのことです。しかし、実際に利用者の行動問題の強さを測ることは非常に困難です。そのため例えば「外に聞こえるくらい大きな声で」「ドアがへこむくらい激しく」「相手の腕にアザが残るほど激しく」などのように記述します。

7) 地域での活動や外出機会について

　利用者が入所施設から自宅に外泊する機会だけではなく、施設から外出して社会参加する機会がどの程度あるかを調べる必要があります。例えば、施設を入所利用している利用者が、実家への外泊を楽しみにしているにもかかわらず、何らかの事情で実家への帰省機会が極端に少ない場合には、そのことが行動問題に影響するかもしれません。また、施設から外出してお店などで買い物をすることを楽しみにしている利用者の場合も同様に、もし外出機会が少なくなってしまい、その人の楽しみが減らされてしまった場合も、そのことが行動問題に影響するかもしれません。

8) 感覚の問題（過敏あるいは低反応）があるか

　ASD 者の中には感覚（触覚、視覚、聴覚、嗅覚、味覚、あるいは前庭感覚など）の過敏や低反応を抱えている人がいます。これらの感覚過敏・低反応は周囲の人からは分かりにくく、本人だけにしか分からない感覚です。また、話しことばをもたない ASD 者の場合は、周囲に嫌悪的な感覚を訴えることができません。そのため、本人の行動問題の要因が感覚過敏や低反応であるにもかかわらず、周囲の人から本人の努力不足などと誤解して受け取られてしまい、その結果、支援者が誤った支援をしてしまう可能性があります。

　そのため、支援者は本人に感覚の過敏・低反応がある可能性を確認しておく

◉行動問題を記録するときのポイント

行動の定義 （行動を具体的に書く）	・例）他者の背中を手のひらで叩く ・例）床に仰向けになって手足をじたばたさせて大声で 　　　泣き叫ぶ
頻度（回数）の記録	・例）1時間につき20回、1日につき5、6回、1週間に 　　　1回など
行動の強さ （激しさ）の記録	・例）椅子が壊れるほど激しく…… ・例）顔が腫れ上がるほど激しく…… ・例）施設の外に聞こえるぐらい大声で……

◉地域での活動や外出機会について

実家への帰省の機会

買い物や旅行などの
外出する機会

◉利用者に感覚の過敏や低反応はあるか

感覚の過敏

感覚の低反応

必要があるでしょう。そのような場合、利用者のちょっとした行動特徴で把握することが可能な場合があります。例えば、利用者が他者から触られることを極端に嫌がる場合には触覚過敏の可能性が疑われますし、大勢の人がいる場所に近づこうとしない場合や耳ふさぎをしている場合には聴覚過敏を疑う必要があります。また、尿失禁の頻度が多い利用者の場合には、排尿感覚が低反応なのかもしれません。

　ただし、感覚の過敏や低反応は、利用者によって様々であり、本人にしか分からない感覚ですので、話しことばがない利用者の場合には周囲の人がその人の行動を見て推測するしかありません。そのため、感覚プロファイルのような客観的にその人の感覚の問題について調べる評価尺度も開発されています。

9）日課の変更や環境の変化による行動問題への影響について

　ASD者の中には、周囲の環境の変化に対して著しい不安を示す人も少なくありません。特に、突然の予定の変更だけではなく、はじめて行なう活動やはじめて会う人、はじめて行く場所などに大きな不安をおぼえる可能性があります。そのため、日々の活動のスケジュールがその利用者にとって、どれほど予測可能なものかどうかを検討しなければなりません。

　利用者が毎日行なっている日課については、職員から指示をされなくても、利用者が自発的に行動可能かどうかを検討します。ここで重要になってくるのが、不規則な予定がどの程度入るかどうかです。

　例えば、入所施設の避難訓練や病院への通院などの突然の行事や活動、あるいは4月になり施設職員の人事異動などが考えられます。

　もしもこれまで利用者と関わり慣れていた職員とは異なり、新しい人が利用者と関わることになると、ますます利用者の不安が増大することなどは容易に想像できます。そのような予定や環境の変化がどの程度その人の行動問題に影響しているかを考える必要があります。

●**感覚の問題の影響**

感覚の過敏や低反応は、その感覚過敏からの逃避・回避の行動問題として、ある
いは感覚低反応であるが故に過剰に感覚を得ようとする行動問題として現れるか
もしれない。

●**予定変更や環境の変化による影響**

日課の変更や突然の予定はその人の
行動に影響するかもしれない。

住居や作業場所、職員などの周囲の
環境の変化はその人の行動に影響す
るかもしれない。

10) 日課スケジュールの中で行動問題に影響を与えているもの

　毎日の活動のルーティンの中で、利用者によっては行動問題に影響を与えている活動があるかもしれません。ここでは、1日の活動を時系列で順番に記載し、その一つひとつの活動がどの程度行動問題に影響を与えているかを調べます。**活動内容によっては、利用者にとって嫌な活動もありますし、反対に行動問題が起こりにくい活動もあるかもしれません。**さらに活動を行なう場所によって、その利用者の行動に影響を与えている可能性もありますので、活動場所ごとにその人の行動を調べることも重要でしょう。

　例えば、利用者が日常的に生活している居室やデイルームでは行動問題がほとんど起こっていないとしても、作業場では頻繁に起きている場合には、作業場での利用者の行動や環境について記録をする必要があります。その際には、作業内容はもちろんのこと、職員の関わりや周囲の利用者などその人の行動問題に影響していると考えられることを記録するようにしてください。

　また、居室やデイルームではその人の行動問題がなぜ起こりにくいのかという条件も検討する必要があります。なぜなら、支援計画を作成する際に、起こりやすい条件を減らし、反対に起こりにくい条件を増やすことで、その人の行動問題の軽減に貢献すると考えられるためです。

　利用者の行動問題がその活動から影響を受けている可能性を確かめるためには、実際にその活動時間に記録をとって確かめる必要があるでしょう。例えば、スキャッタープロット（第2章72ページ参照）による記録を用いて、行動問題が特定の活動時間帯に生じていることを確かめます。さらに、ABC記録法などで行動の前の状況やきっかけを確かめたり、行動問題を起こした結果、どのような結果が生じているのかを明らかにしたりすることが重要です。

　また、スキャッタープロットによって行動問題が生じていない時間帯が明らかになった場合に、その時間の活動や状況などを調べることで、行動問題の要因が明らかになるかもしれません。

●場面や活動の違いによって行動問題は生じているか?

①例えば、居室やデイルームでは利用者の行動問題は起こっていない。

②しかし、作業場に移動した途端に行動問題が起こっている。

③まずは作業場における利用者の行動や環境を調べる。

④さらに、居室やデイルームなどで、その人の行動問題が起こりにくい条件も調べる。

(3) 利用者の生活環境について調べること

　利用者の行動問題を調べる上で、環境がその人の行動問題にどのような影響を及ぼしているのかを明らかにすることは重要です。

　例えば、その人の周りに騒がしい利用者が多い場合には、その人はイライラしてしまい、かんしゃくを起こしやすいかもしれません。あるいは、その人が聴覚過敏である場合にはその影響はさらに大きくなるでしょう。また、その利用者の部屋にその人の楽しみとなる物や、好きな物、リラックスできる物などがあれば、その人の生活は豊かになるかもしれませんが、何も存在しなければ、その人は望ましい行動が少なくなってしまい行動問題が起こりやすくなるかもしれません。また、その人の周囲に物がなかったり、生活環境が乏しかったりする場合には、常同行動が起こりやすくなるといった研究（Kennedy ら、2000）も報告されています。

1) 1日のスケジュールについて

　利用者が利用する施設環境の1日の活動がどのような流れになっているか、またそのことが利用者の行動問題にどのように影響しているかを調べます。1日の始まりである起床から食事や入浴などの決められた活動だけではなく、その施設独自の活動や行事があるかもしれません。そのような日課が利用者に及ぼす影響は利用者によって異なりますので、どのような日課や時間帯のときに起こりやすいか、あるいは反対にどのような日課のときには起こりにくいのかを明らかにします。

2) 身の回りの生活用品や趣味の物などの配置について

　その人の居室に生活用品や、その人の好みや趣味の事物がどれほど配置されているかについて調べます。前述したように、施設の中に物が何もないような環境だと不適切な行動や常同行動が起こりやすいと言われています。すなわち、その人の生活している居室や施設内にどれほど生活用品や趣味の物などが配置されているかを調べることは重要です。

●生活環境との相互利用

利用者が生活する周囲の環境はその人の行動に大きく影響している。

●スケジュールや日課の影響

起こりやすい時間帯が
あるかどうか調べる。

起こりにくい時間帯が
あるかどうか調べる。

●事物の配置

利用者の身の回りにどれだけ物が置いてあるかどうか調べる。

3）選択機会について

われわれが普段生活している環境では様々な選択機会があります。例えば食事だけ挙げてみても、食事をする時間帯や食事の量、メニューやどこで食べるか、誰と食べるかなど様々な選択機会があることが分かります。

なぜ、利用者の選択について調べるのかといえば、選択機会が多ければ多いほど、生活の質（QOL）が高いと言えるからです（望月，2001）。生活での選択機会は、食事だけではありません。他にも、入浴、衣類、作業、活動、外出など、施設環境において生活する上で、その利用者にどれほど選択機会があるのかを調べます。

4）職員の配置の状況

施設内において、1人の利用者に対する職員の配置人数はどの程度かを調べます。利用者1人あたりの職員の配置人数が少なければ、その利用者にかけられる負担感が増加する可能性があり、職員が心身ともに余裕をもった支援ができなくなる可能性があります。また、職員の経験年数や職員のスキルの違いによって、利用者の行動問題に違いが生じる可能性もあります。そのため、利用者の行動問題に影響を与えている特定の職員の行動があるかどうかも記述します。

5）家族と接する機会

入所施設を利用している場合、利用者によっては、家族に会う機会が極端に少ないケースも見受けられます。特に、利用者から家族に会いたい、あるいは家族と外出したいという要求が強い場合には、その利用者が家族に会えないことで行動問題に影響する可能性も高くなるでしょう。反対に、家族に会うことで興奮状態となり、家族との面会後に行動問題に発展するケースも見うけられます。

そのため、家族との面会の頻度や、家族との外出、実家への帰省の機会がその人の行動問題にどれほど影響しているのかを調べる必要があります。

●選択の効果

利用者が選択する機会がどれだけあるかはその人の生活の質に影響する。

●職員の配置による影響

利用者1人あたりの職員配置人数が少ないと、職員の負担感が増大する。

●家族との接触機会

家族との面会を楽しみにしている場合に、利用者の行動に影響する場合がある。

（4）記録の方法

その人の行動問題を詳しく調べるためには、その人の行動についての記録を
つけることは必要不可欠です。多くの施設では、毎日の利用者の逐次記録が職
員に求められていると思います。ただ、その記録が利用者の1日の生活の様
子を拾い上げて記録しているだけの場合は、行動問題のきっかけや内容につい
てより詳細に理解することは難しいかもしれません。それに加えて、行動問題
の前後の状況や、利用者ができる望ましい行動についても記録する必要があり
ます。

よく使用される記録方法として、ABC記録法やタイムサンプリング、ス
キャッタープロットなどを挙げることができます。

1）ABC記録法

ABC記録法は利用者の行動そのものの記録だけではなく、その前後の状況
についても具体的に記録する方法です。ABCのAは行動が起きるきっかけや
状況（先行子；Antecedent）を指し、Bは具体的な利用者の行動（行動；
Behavior）、Cは行動が起こった後に利用者が得られた結果（結果；Conse-
quence）を示しています。

それぞれ何を記録するかについてですが、まずB（行動）はその利用者の行
動問題を具体的に記録するようにします。このときに重要なことが、「物壊し」
や「自傷した」のような曖昧で簡潔な書き方ではなく、「両手で居室にある本
棚を力一杯引き倒した」「右手の拳で自分の頭頂部を激しく10回程度叩いた」
などのように、他の誰が読んでもその行動についてイメージしやすいような具
体的な書き方にすることが重要です。

なぜなら、例えば「自傷をした」「物壊し」のようなあいまいな書き方にし
てしまうと、その利用者のことを毎日見ている職員であれば、直接見ていなく
てもある程度はどのような行動かを想像可能かもしれません。しかし、その行
動の激しさや頻度、場所や状況については伝わりにくくなります。ABAでは、
不明確になりがちな行動の細部を、具体的に説明することで明らかにすること
が求められています（行動の定義）。

● ABC 記録法の例

A（きっかけ・状況）		B（行動）		C（結果）
利用者Bさんがデイルームに響き渡るぐらいの大声を出す		近くにいた利用者AさんがBさんの背中を激しく2、3回叩く		Bさんの近くにいた職員が2人の間に入りBさんを制止した

A（きっかけ・状況）		B（行動）		C（結果）
職員Cがデイルームに入室した		利用者DさんがCに近づき、激しく自分の頭を5、6発叩いた		CがDさんの頭叩きを「ダメでしょ」と言いながら制止した

A（きっかけ・状況）		B（行動）		C（結果）
作業時間になっても利用者Eさんが居室から出てこなかったため、職員FがEさんの腕を引っ張りながら、強引に居室から引っ張り出した		Eさんは仰向けになって大声で叫びながら手足をバタバタさせた		FはEさんに対して居室で休むように言った

A（きっかけ・状況）		B（行動）		C（結果）
夕食が終了してから10分後、何もすることがない時間		利用者Gさんが居室の壁をドンドンと繰り返し叩く		職員がやってきてGさんに壁叩きをやめるように言う

また、C（結果）は「行動が起こった結果（直後）、周囲の環境にどのような変化が生じたのか」「利用者がどのような強化子を得られたのか」「職員がどのように対応したのか」などの行動の直後の事象について説明します。

　ここで明らかにしたいのは、「利用者がその行動問題を行なうことによって、誰に（何に）どのような強化をされたのか」ということです。もしかしたら利用者は職員から叱責されることで「相手にしてもらえた、注目してもらえた」と感じ、行動問題が強化されているかもしれません。

　あるいは、作業中に行動問題を起こした後に、職員に別の部屋に行くように指示されることは、一緒に作業をしていた他の利用者から邪魔をされるという嫌な刺激から逃げられた（逃避）のかもしれません。

　ただし、これらの結果の意味（機能）についての詳細を明らかにするためには、行動が起こる前のきっかけや状況（A）についても詳しく調べる必要があります。

　そのA（行動が起こる前の状況や直前のきっかけ、先行子）についてですが、「行動が起こる直前のきっかけ」と「行動が起こる際の状況」に分けられます。直前のきっかけをどのように判断すればよいのかというと「そのきっかけが起こったことで行動問題が生じたかどうかが分かるか」ということです。

　例えば、われわれは横断歩道で信号機が赤になれば止まりますし、反対に青になれば横断歩道を渡ります。この場合、横断歩道を渡るためには信号機の赤や青のような"きっかけ"が生じていることになります。

　すなわちこれを行動問題に当てはめて考えると、行動問題の起こる直前にどのようなきっかけがあったのかを調べる必要があるということなのです。例えば、「他の利用者が大声をあげた」直後に、「壁に自分の頭を打ち付ける」自傷を起こした利用者がいたという事例の場合には、「他利用者が大声をあげたこと」がそのきっかけであったと推測することができます。

　また、きっかけと同様に、「行動問題が起こる前の状況」についても調べる必要があります。なぜなら、行動問題が起こった状況が、その行動問題の起りやすさに関わっている可能性がおおいにあるからです。

　例えば行動問題が起こりやすい状況とは、「周囲の人が騒がしいこと」「大き

な声を出す人がいる」「悪臭がする」「気温が高い」「蒸し暑い」などの様々な環境的要因があります。さらに利用者本人の体調面の要因も含まれます。例えば、「虫歯が痛い」「お腹が痛い」「体調が悪い」「(機嫌が悪く)イライラしている」「花粉症でイライラしている」といったことも本人の行動問題の起こりやすさに大きく関わってくるでしょう。

● ABC 記録表の例

ABC 行動観察記録表　　　　　　日付＿＿＿＿　年＿＿＿月＿＿＿日～＿＿＿月＿＿＿日

対象者：　　　C　様

※なるべく具体的に書いてください。

※行動のレベル：大きい（5・4・3・2・1）小さい（主観で構いません）

日付	時間	(場面・活動)状況（E）	きっかけは何か（A）	どのような問題行動をしたか（B）	その結果どうなったか（C）	行動のレベル
6/8	14:45	(箱折作業)苦手な活動 蒸し暑い	他の部屋から騒がしい声が聞こえた	机の上の道具を床に投げ、箱をばら撒く	職員が片づけを3回指示するが、指示に従わず、座り込む	3
6/9	14:00	(箱折作業)苦手な作業 作業開始時	職員からの指示	机の上の箱や道具をばらまく	職員が片づけを指示するが、指示に従わず、座り込む	3
6/11	14:30	(箱折り作業)苦手な作業	特になし ゆっくり作業を継続していた途中	突然大声をあげる	職員が静かにするように指示	1
6/14	14:00	(箱折り作業)苦手な作業 作業開始前	職員から作業場に行くように指示	体を固めて動かず、大声を出して拒否	30分たっても動かないため、利用者を居室に戻す	2
/	:	(　　　　)				
/	:	(　　　　)				

2) スキャッタープロット

　この記録法は、時間帯ごとに分けられており、特定の時間帯に行動問題が生起した場合には、該当する時間帯の箇所にチェック（✔）などの記号で記述する方法です。

　この記録を行なう理由として、利用者の行動問題がどの程度、どのような時間帯に起こっていたのか、あるいはどのような活動のときに集中して起こっているのかを職員が把握するために行ないます。

　時間間隔の設定方法についてですが、対象利用者の行動問題の頻度が非常に多く、短い間隔で起こる場合には記録用紙を短い時間間隔（例えば、5〜10分ごと）で記録できるように設定します。反対に、利用者の行動問題の頻度が1日に2、3回程度の少ない頻度であるなら、記録用紙を1時間ごとに区切り、職員が1時間ごとにチェックできるような時間間隔で記録するとよいでしょう。それ以下の頻度（1週間〜1ヵ月に数回程度）であれば、スキャッタープロットを使用する必要性はあまりないかもしれません。

　また、その人が1つの行動問題だけではなく、複数の行動問題を表出している場合には、ある程度ニーズが高く、職員が対応可能な行動問題だけに限定した方がよいと思います。多くても3つ程度にとどめておきましょう。なぜなら、記録対象となる行動問題があまりにも多い場合には、記録もれが生じてしまう可能性が高まるからです。

　対象利用者が複数の行動問題を表出しており、そのうち3つだけに限定し記録すると決めたとしても、それぞれを識別しながら記録するためには工夫が必要になります。そのため、それぞれの行動問題ごとに記号を当てはめるようにします。例えば、「手の甲を爪で引っかく自傷」を✔、「平手で他者の頬を叩く」を△、「居室で放尿をする」を□などと記号を分けることで、あとで記録を見返したときに、判別がしやすいでしょう。

　また、行動問題が2つの時間帯にまたがって生じた場合の記録は、その両方の時間帯プロットに記号を記すようにしてください。

●スキャッタープロット記録表の例

利用者氏名：　　　　　　　　　様　　　　日付　20●●年　　6月7日　～　6月13日

【行動問題】（例）頭を爪でひっかく×、他者の頭を2，3回叩く✓

	6／7 （月）	6／8 （火）	6／9 （水）	6／10 （木）	6／11 （金）	6／12 （土）	6／13 （日）
6:00～							
7:00～	×		×	×		×	
8:00～		×					
9:00～							
10:00～							
11:00～	×				×		
12:00～			×	×			
13:00～				✔			
14:00～	✔		✔		✔		
15:00～							
16:00～							
17:00～	✔						
18:00～							
19:00～							
20:00～							
21:00～							
22:00～							

（5）グラフの作成

　グラフを作成する理由は、支援の効果について、職員が利用者の行動を客観的かつ明確に把握するためです。支援の効果が目で見て分かりやすくグラフ化されることによって、利用者の行動問題や望ましい行動の増減を明確に示すことができます。仮に支援に効果があり利用者の望ましい行動が増加し、かつ行動問題が減少したとします。そのことをグラフで示すと支援の効果が一目瞭然となりますので、職員は「自分の支援行動に間違いはなかった」と確認することができますし、職員自身の支援に自信をもつことができます。そのことがさらなる利用者支援への動機付けとなるのです。そのため、一定期間ごとに利用者の記録をグラフ化し、それを職員室の壁に掲示するなどして、職員の支援への動機付けを高めましょう。

　グラフは、これまで支援者が記録した記録表のデータに基づいて、作成することになります。

　グラフは基本的に「折れ線グラフ」か「棒グラフ」がよいでしょう。グラフを書くことの一番のメリットは、支援を開始する前（ベースライン）と支援開始後のデータの変化がひと目で分かることです。ここでは一番よく使われる折れ線グラフの描き方について説明いたします。

　まずはグラフに必要なＸ軸（横軸）とＹ軸（縦軸）を描きます。Ｘ軸は時間を、Ｙ軸は行動の数量や率を表すものです。まずはＸ軸（時間）について説明します。例えば、行動問題が多い頻度で生起しているときには、Ｘ軸は毎日刻む必要がありますし、月に数回など頻度が少ない場合にはひと月ごとのデータにしてもよいでしょう。一方、Ｙ軸は利用者や職員の行動の頻度や率（％）を示すものです。それぞれの軸をどのようにするかを決定したら、実際の記録に基づき、グラフに点を描いていきます。記録結果に基づき、日（あるいは週や月）と数量や率を照らし合わせて、該当する部分に点を記していきます。点を描き終えたら点と点を線で結びます。

　次に支援開始前と支援開始後のデータの違いを明確化するために、支援開始前のデータ（ベースライン）と支援開始後のデータは線で結ばないようにしま

しょう。両者の違いがより明確に分かりやすいように間を縦線で区切るとよい
でしょう。さらに、支援開始前のデータの上部に「支援開始前（ベースライ
ン）」と書き、同じく支援開始後のデータの上部に「支援開始後」と記載する
とより分かりやすく明確になります。グラフを作成するときにはパソコンの
Microsoft Excelを使用するとより正確で綺麗なデータを描くことができます。

①記録を参照しながら、グラフを作成

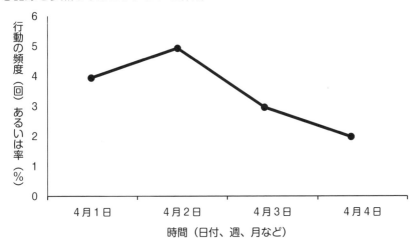

②支援開始の前と後を破線で区切り、上部に説明を書く

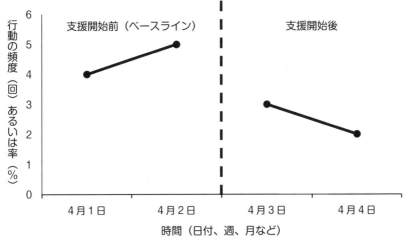

2 行動問題は何のために行なっているのか？

(1) 利用者の行動問題を定義する

利用者の行動問題について調べる際に最初にやることは、その利用者の行動問題とは「具体的にどのような行動を指しているのか」を明らかにすることです。その利用者についてよく知っている職員や家族から情報を収集し、支援が必要な行動問題についていくつか取り上げます。仮に、行動問題が複数ある場合には、最もニーズの高い行動問題を選択して支援対象となる行動を決定することになります。

われわれは行動問題を選択し決定するときに、その利用者が示している中で最も激しい行動を支援対象にしてしまいがちです。しかし気をつけなければならないのは、複数ある行動問題が連鎖しているかどうかを検討しなければなりません。すなわち、**その激しい行動に至る前に「前兆となる行動」があるかどうかを調べる必要があります。**

例えば、「激しく他者を叩く行動」のような激しい行動を標的にしてしまいがちですが、その利用者はその行動に至る前に、「大声で騒ぐ行動」があるかもしれません。すなわち「大声で騒ぐ→（職員に止められる）→激しく他者を叩く」というように、行動問題が連鎖している場合があります。

そのような場合には、「激しく他者を叩く行動」をその利用者の標的行動とするのではなく、その前兆である「大声で騒ぐ行動」を標的行動にするようにしましょう。なぜなら、「激しく他者を叩く行動」を支援対象とした場合、職員の負担も大きく、対応することがかなり困難となり、実際にできる支援も限られてしまいます。そのため、その前兆である「大声で騒ぐ行動」を標的にした方が、負担も少なく、本人および周囲の被害も少なくて済むのです。

さらにもう一つのポイントが、行動を定義する際に、利用者の行動について具体的に書くことです。具体的に書く際のポイントとしては、抽象的なことばを使わないことです。抽象的なことばとは、物事を見るときに広い視野で捉える場合に使用します。例えば、「パニックになる」「飛び出しがある」「多動で

ある」などで表現されるもので、一見その人の行動について説明しているようで、詳細な部分は分からないことが多いのです。一方、具体的な表現とは、物事について細部まで説明することを言います。例えば「約5分間隣の部屋に聞こえるくらい大きな声で泣き叫んでいた」などのような具体的な表現であれば、その場にいない第三者が報告を受けても分かりやすいのです。また、具体的に表現するためには、「〜しない」などの否定形で表現しないように気をつけてください。なぜなら、否定形の場合、実際にどのような行動を示していたか説明することにはならないからです。そのため、「〜しないで、〇〇していた」など、実際にどのような行動を示していたのかを記述するようにしましょう。

●行動問題が連鎖している例

行動が連鎖している場合、行動問題の前兆となる行動を標的（支援対象）にすること

●行動を具体的に書く例

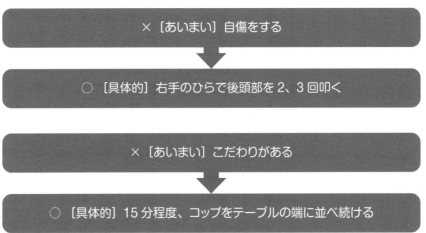

（2）行動問題の機能（働き）を調べる

　以前より行動問題には何らかの機能（働き）があることがあることが明らかとなっていました。（Iwata ら，1982）。支援者が「利用者は、行動問題を何のために（何を目的で）やっているのだろう？」などと行動問題の背景を考えることはたいへん重要なことです。例えば、話しことばによるコミュニケーションがうまくいかない知的障害者や ASD 者の場合は、相手に自分が伝えたいことが伝えられないため、イライラしてしまうことが多くなります。そのことがきっかけとなって、かんしゃくを起こしたり、自傷や他傷などの行動問題を起こしてしまったりすることもあります。

　すなわち、その人の行動問題は、利用者が他者とうまくコミュニケーションをとることができずに生じているケースも少なからずあると考えられます。

　その場合の行動問題の機能（働き）は、4 つに分けられます。その 4 つとは、「注目」「要求」「逃避・回避」「感覚」です。

　まず注目とは、他者から注目されることがその人の強化子となっていることを指します。例えば、ある利用者が「大声で泣きながら叫ぶ」たびに、職員から心配して声をかけてもらったり、関わってもらったりすることにより、「大声で泣きながら叫ぶ」ことが強化されているのです。

　また、要求とは、利用者が欲しいものや、やりたい活動がある場合に行動問題を起こすことによって要求が叶えられ、行動問題が強化される場合を指します。

　さらに、逃避・回避とは、利用者にとって「嫌なこと」があったときに、その「嫌なこと」から逃げるため（逃避）、あるいはその嫌なことをやらなくても済む（回避）ことで、その行動問題が強化されている場合を指します。

　感覚の機能は、その行動を示すことによって利用者自身が快感を得られ暇つぶしができたり、あるいは痛みやかゆみなどの嫌な感覚を取り除くことで行動問題が強化されたりする場合を指します。

　利用者によっては、1 つの行動問題が、複数（すなわち、2 つ以上）の機能を果たしている場合もあります。そのため、支援者が支援を行なう前に、その

人の行動問題が注目、要求、逃避・回避、感覚のいずれの機能を果たしているのか、機能的アセスメント・インタビューを用いて関係者から聴取したり、動機付けアセスメント尺度（MAS）の使用や、直接観察するなどして、前もって調べる必要があるのです。

●コミュニケーションがうまくいかないと、行動問題に発展しやすい

●人の行動には機能（働き）があり、それはおおむね4つに分けられる

注目　　　　　　　　　　　　　要求

逃避・回避　　　　　　　　　　感覚

1）注目の機能とは何か？

　注目の機能とは、利用者本人が誰かを注目することではなく、利用者が「誰かから注目されること」が強化子となることです。この場合の注目には様々な意味があり、「誰かから直接見られること」だけが強化子となるわけではありません。以下に、注目が強化子となりうるいくつかのパターンについて記述します。

　1つ目は、職員の叱責です。通常、職員からの叱責は弱化子（罰）であることがほとんどですが（少なくとも職員側はそのつもりで叱責していると思いますが）、行動問題の後に職員が叱責しても行動問題が継続している場合には、職員の叱責が強化子となっている場合があります。さらに、職員が叱責した後に利用者がニヤニヤ笑っていたり、チラチラと職員の方を見ながら反応を伺っている場合には、その可能性が高いと言えるでしょう。

　2つ目は、職員が笑いや笑顔などの表情を見せることです。職員は意識せず知らず知らずのうちに表情を作っているのかもしれませんが、行動問題の後に習慣的に職員が笑ったり表情を変えていたりする場合には、そのこと自体が強化子となっている場合があります。

　3つ目は、話しかけることです。これは叱責と似ていますが、利用者がコミュニケーションを求めている場合には、行動問題の後に職員が不必要に話しかけることによって、かえって行動問題を強化している可能性があります。

　また、反対に利用者の不適切な話しかけに対して、職員が耐えられずに反応して答えてしまうことも含まれます。利用者からの話しかけが作業時間などであったり、あるいは何度も繰り返して話しかけている場合には、職員がことばかけで応じてしまうと、たとえ職員による叱責だとしても、そのこと自体が強化子となってしまう可能性があります。

　4つ目は、利用者が「職員の指示に従わない」などの理由で、利用者を指示に従わせるために職員が「何度も繰り返してことばかけによって指示」してしまうことです。そのことがかえって、利用者の「指示に従わない行動」を強化してしまっている可能性があります。

　最後は、利用者が行動問題を起こしたときにその行動を制止する場合です。

行動問題が起こったときに、利用者の行動を制止することは一見正しい行動のように思えます。しかし、そのことが皮肉にも利用者への注目となっていることも多々あるということです。そのため、やむを得ず利用者の行動問題を制止するときには、職員はそのことを頭に入れて注目が強化子にならないような制止の方法を検討しなければなりません。

　以上のように、注目の機能といえども様々なパターンがあり、さらに強化子としての効力も非常に高いことを職員は認識しておくべきでしょう。

●注目が強化子となる場合の例

職員からの叱責

笑顔や笑いなどの反応

話しかけ

ことばかけによる指示

行動の制止

2) 要求の機能とは何か？

　要求の機能とは、利用者が行動問題を行なうことにより、利用者の要求した物や活動を獲得することによって強化されるというものです。要求の機能は主に2つに分けられ、利用者が「具体的な物を得ることによって行動問題が強化されること」と、利用者が「やりたい活動ができたり、行きたい場所に行けることによって行動問題が強化されること」です。

　物の要求とは、すなわち、利用者が食べ物や飲み物、あるいは本や玩具、趣味の物などその人がそのときに欲しい物を獲得するために行動問題を起こしているかどうかという意味です。言い換えると、利用者が行動問題を起こした結果、利用者が欲しがっている物を獲得することによって、行動問題が強化されているとも言えます。

　利用者が欲しい物の中でも特に、食べ物や飲み物は魅力的で強力な強化子です。なぜならこれらは、一次性強化子と言って、人間の生命に関わってくるたいへん重要なものだからです。

　また、利用者が行動問題を行なうことで、やりたい活動ができたり、行きたい場所に行くことができたりすることで強化される場合があります。しかしそれは、本当に利用者がやりたい活動である場合もありますが、利用者が現在いる場所や行なっている活動、あるいは ASD 特有の感覚の問題が影響して、現在の場所が苦手で逃避したいがために要求している場合もあります。すなわちそれは嫌悪的な場面からの逃避の機能の可能性も考えなければなりません。

　利用者の行動問題が要求の機能かどうかを特定するためには、行動問題の後に、利用者が欲しい物を獲得できたり、やりたい活動ができたり、行きたい場所に行くことができたかどうかを見て判断すればよいのです。

　しかし、職員が要求を叶えているわけでもないのに、行動問題が続いている場合もあります。それは、職員が利用者の要求が叶えていないとしても、"過去に"繰り返し要求が叶えられていたり、あるいは他の職員が利用者の要求を叶えていたりする場合が考えられるでしょう。

●要求の行動問題で考えられるケース

食べ物、飲み物が欲しいため
ある場所に行きたい

他者の食事を盗む

着替えたい

外出したい

水を頻繁に飲む多飲水
（感覚の可能性もあり）

次の日課をやりたい

3）逃避・回避の機能とは何か？

　利用者が行動問題を起こすことによって、苦手な活動や人、物から逃げたり避けたりすることができることにより行動問題が強化されることを言います。厳密に言えば、嫌なことを経験している状態から逃げることを「逃避」の機能と言い、嫌なことを経験する前に避けることを「回避」の機能と言います。

　「強化の原理」でも説明しましたが、嫌なことから逃げたり避けたりすることも、その人にとってはうれしいことであり、強化子となるのです。

　施設の中で逃避や回避の機能による行動問題が生じやすい場面の１つに作業場面が挙げられます。例えば、利用者が苦手な作業を職員から無理強いさせられたり、利用者の許容範囲を超えた作業量をするように求められた場合に、逃避や回避の行動問題が生じやすくなるでしょう。

　また、職員自体の要因も考えられます。例えば、「苦手な作業であるにも関わらず、利用者に対して何度も作業を指示」したり、身体を触りながら強制的にやるように指示することによって、作業をすることがますます苦痛となり、逃避・回避の機能の行動問題が増加してしまうでしょう。

　その他の「逃避・回避」の機能の行動問題が生じる理由として、利用者の感覚の問題が影響している場合もあります。すなわち、利用者本人に感覚の過敏性があり、その嫌な感覚を生じさせる環境から逃避するために行動問題をしている可能性もあります。例えば、利用者が聴覚過敏であった場合には、騒がしい場所が苦手となりやすいでしょう。特に周囲に騒がしい利用者がいたり、人が大勢いたり、騒音がするような場所で活動を求められたりすることは、利用者の逃避・回避の機能の行動問題を起こしやすくするでしょう。

　また、施設内では活動や日課、行事などが、あらかじめ決められていることが多く、それらの日課に利用者が合わせなければならないことがあります。もし、その日課を何らかの理由で苦手としていた場合には、逃避・回避の機能の行動問題が起こりやすくなるでしょう。そのため利用者の行動問題の機能を特定する場合には、「場面ごとにどのような活動や日課を行なっているのか」や「周囲の人に苦手な刺激がないか」を調べることも重要です。

●逃避・回避の行動問題は、嫌悪刺激がきっかけである

苦手な作業・活動

うるさい音

苦手な人

職員からの強制指示や
繰り返しの指示

●逃避とは、嫌な事態に直面した後にそこから逃げることにより強化される

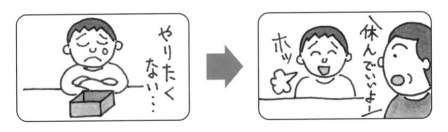

●回避とは、嫌悪刺激に直面する前に回避することによって強化される

4）感覚の機能とは何か？

　感覚の機能とは、利用者自身が感じている身体感覚によって行動問題が動機付けられているという意味です。感覚の機能は、他の3つの機能とは異なり、他者とのコミュニケーションの機能を有していません。そのため、感覚の機能を有する行動問題の場合には、利用者の周囲に人がいない場面でも生じることがあります。

　具体的には、「自ら感覚を得るために行なう行動問題」と、「（不快な）感覚を取り除く目的で行なう行動問題」に分けることができます。

　利用者が自分で感覚を得るために行なう行動の多くは、常同行動あるいは、自己刺激行動と呼ばれているものです。常同行動とは、「体を前後に動かす行動」「耳ふさぎをする」「手をひらひらと動かす」などの動きによるものや「コマーシャルなどのセリフを繰り返す」などの話しことばによるものも含まれます。これらの**感覚を得るために行なっている行動の多くは、利用者の感覚の問題の中でも特に、感覚低反応が関係している可能性**があります。すなわち、感覚が鈍いが故に自ら感覚を求める行動をしているのです（感覚探求）。さらに、人間は暇（環境刺激の欠損）には耐えられない生き物ですから、環境刺激が少ないときに自ら刺激を獲得するような行動をしがちなのです（例えば、講義中に先生の話が分からない大学生が、ノートに落書きをするなどの自己刺激行動を行なう）。

　一方、利用者が身体の不快な感覚を取り除く目的で行なっている場合もあります。例えば、利用者の身体に痛みや苦しみ、かゆみなどを取り除く目的で行なっている行動などを言います。具体的には、「虫歯が痛くて、その痛みを取り除くために頬を何度も叩いてしまう行動」なども、周囲の人からみれば、自傷行動にしか見えないこともあります。不快な感覚を取り除くために行なっている行動をしているASD者の中でも、特に話しことばをもっていないか遅れている場合は、周囲の人に体の不調を訴えることができずに行動問題として捉えられてしまうと、ますます重篤化する可能性があります。特に、利用者に感覚の問題がある場合には、その不快な感覚を取り除くために行なう行動問題が起こりやすいと言えるでしょう。

●感覚の機能とは

自ら感覚を得るための
行動問題

不快な感覚を取り除く
ための行動問題

●自ら感覚を得るために行なう行動問題の例

暇つぶしのための
行動

体を前後に動かす
ロッキング

独り言

●不快な感覚を取り除くために行なう行動問題の例

痛み・かゆみを
取り除くための自傷

耳ふさぎ

物の位置への
こだわり

5）問題行動動機づけアセスメント尺度（MAS）

　利用者の行動問題の機能を特定する際に、家族や職員などその人の行動問題についてよく知っている関係者に質問することによって機能を明らかにすることができる評価尺度も開発されています。これを問題行動の動機付けアセスメント尺度（MAS；Motivation Assessment Scale）といい、Durand and Crimmins（1988）によって発表されました。

　この評価尺度で評価できる行動問題は1つだけです。なぜなら、一度に複数の行動問題について評価してしまうと、本来は行動問題一つひとつ機能が異なる可能性があるにも関わらず、他の行動問題の機能と混同されてしまい、結局特定したい行動の機能が明らかにされないためです。そのため、複数の行動問題をもつ利用者の全ての行動問題を評価したい場合には、行動問題ごとにMASを使用する必要があります。

　MASの評価については評価する人が、「全くしない（0）」から「必ずする（6）」の7件法で評価します。質問の数は全部で16ありますので、その全てに評価者の主観で応えるようにしてください。

　全ての質問に回答したら、評価シートの割り当てられた質問番号に対して回答した7段階の数字を当てはめて記述していきます。全ての数字を当てはめたら、行動の機能ごとに合計点を算出し、さらにその平均点を算出するためにそれぞれの機能の合計点を4で割ります。その結果、行動のそれぞれの機能ごとに点数が出されます。算出された4つの機能の最も大きい平均点がその行動問題の機能ということができます。

　また、行動問題は複数の機能を併せもつこともありますので、高い平均点が複数出る場合も考えられます。その場合には、複数の機能について検討するべきでしょう。

　ただし、この評価尺度はあくまで評価者の主観によるものであり、実際の行動問題の機能とは異なっている可能性もありますので、あくまで参考程度にとどめておく必要があるでしょう。

◉問題行動の動機づけアセスメント尺度（MAS：Motivation Assessment Scale; Durand, 1990）

No.　　記入年月日：　　年　　月　　日　記入者：
◇ 気になる（困っている）行動（具体的に 1つだけ書いてください）

_____

◇その行動が起こる場面（いつ・どこで・何をしている時など具体的に）

_____

◇その行動について、以下の質問を読んで当てはまる番号に○をつけて下さい。

全くしない・・・・・・・・・・・・・・・・・・・・・・・・・・・・・0
ほとんどしない・・・・・・・・・・・・・・・・・・・・・・・・・・1
しないことが多い・・・・・・・・・・・・・・・・・・・・・・・2
しない場合とする場合が半々くらい・・・・・・・3
することが多い・・・・・・・・・・・・・・・・・・・・・・・・・4
ほとんどする・・・・・・・・・・・・・・・・・・・・・・・・・・・5
必ずする・・・・・・・・・・・・・・・・・・・・・・・・・・・・・・6

	質問	○をつける
1	その人は長い間一人でいるとその行動を繰り返しますか？	0・1・2・3・4・5・6
2	その人は難しい事をするように指示されるとその行動をしますか？	0・1・2・3・4・5・6
3	その人はあなたがその人のいる場所で、他の人と関わっているとその行動をしますか？	0・1・2・3・4・5・6
4	その人は禁止されている食べ物・ものを得るためや、禁止されている活動をするためにその行動をするようですか？	0・1・2・3・4・5・6
5	その人は周りに誰もいない時でも、その行動を繰り返し同じやり方で、長時間しますか（たとえば、身体を前後に揺するなど）？	0・1・2・3・4・5・6
6	その人はあなたが何かをするように指示するとその行動をしますか？	0・1・2・3・4・5・6
7	その人はあなたが注目を止めるとその行動をしますか？	0・1・2・3・4・5・6
8	その人は好きな食べ物・もの・活動を禁止されるとその行動をしますか？	0・1・2・3・4・5・6
9	その人はその行動をする事を楽しんでいるようにみえますか（その行動で感覚、味、臭い、見ること、音などを楽しんでいる）？	0・1・2・3・4・5・6
10	その人はあなたが何かさせようとするとあなたを慌てさせたり、困らせるためにその行動をしているようですか？	0・1・2・3・4・5・6
11	その人はあなたが注目していないとその行動をするようですか（例えば、あなたがほかの場所で他の人と関わっていると）？	0・1・2・3・4・5・6
12	その人は欲しがっていたもの・食べ物が与えられたり、やりたがっていた活動を許されるとその行動をしなくなりますか？	0・1・2・3・4・5・6
13	その人はその行動をしていると周りで起こっている事に気づかずおとなしくしていますか？	0・1・2・3・4・5・6
14	その人はあなたがその人に何かを促したり要求したりするのを止めるとすぐに（5分以内に）その行動をしなくなりますか？	0・1・2・3・4・5・6
15	その人はあなたに一緒にいて欲しいためにその行動をするようですか？	0・1・2・3・4・5・6
16	その人はやりたいことを禁止されるとその行動をするようですか？	0・1・2・3・4・5・6

問題行動：　　　　　　　　　　　　　　　　場面：

　　評定者：　　　　　　　　　　　　　　評定年月日：　　　年　　　月　　　日
　　採点者：　　　　　　　　　　　　　　採点年月日：　　　年　　　月　　　日

問題行動の機能	感覚	逃避	注目	要求
質問番号評定点	1	2	3	4
	5	6	7	8
	9	10	11	12
	13	14	15	16
各機能の合計点				
各機能の平均点				
【所見】（数値の下線は平均点の相対順位が1位の機能を示す）				

6) レスポンデント条件付けによる行動問題

　行動問題には様々な注目や要求などの機能があり、その機能によって行動問題が維持することをこれまで説明しました。しかし、それ以外にも人間が生まれつきもっている生得的な行動によって生じる行動問題も考えられます。

　人間が本来もっている生得的な行動とは、例えば、「食べ物に対して唾液が出ること」「目に何か異物が飛んで来たら瞬きをする」「カミナリなどの大きな音に対して心臓の鼓動が早くなる」などです。

　これらは、学習されたものではなく人間本来がもっている行動です。無条件で起こるため、無条件反応と呼ばれます。また、この無条件反応を誘発する刺激を無条件刺激と言います。

　レスポンデント条件付けとは、人間本来がもっている生得的な行動が、無条件刺激だけで生じるだけではなく、直接関係のない刺激と一緒に提示することを繰り返すことによって、関係なかった刺激からも生得的な行動が生じてしまうことを言います。行動の結果から維持される行動ではなく、先行する刺激から直接誘発される行動であるということができます。

　例えば、雷の音や光に対して、恐怖を感じ発汗や心臓の鼓動が早くなるなどの反応を示していた利用者がいたとします。大雨が降るたびに雷が鳴ることで、今度は雨が降っただけでも、発汗や心臓の鼓動が早くなってしまうのです。

　また、聴覚に対する感覚の過敏性がある利用者の場合、大きな音が鳴るだけで恐怖を感じてしまい、発汗や心臓の鼓動が速くなるでしょう。例えば、職員が大きな声を出したことで、利用者がびっくりして驚いたとします。そのことを繰り返していると、その職員が利用者から見えるだけで不安を感じてしまうようになるでしょう。そのうち、その職員を回避するための行動が生じてしまい、さらに拒否的になってしまうかもしれません。

　特に**ASD者は不安を感じやすく**不安障害の併存率が高い（43〜84％）と言われています（Levy ら，2009）。そのため、**レスポンデント条件付けに起因する行動問題が比較的生じやすい**と言えるかもしれません。

◉レスポンデント条件付けのメカニズム

①無条件刺激に対して無条件反応が生じる（生得的反応である）

無条件刺激		無条件反応
・例：視覚過敏がある利用者にとって散歩の際の太陽の光		・例：まぶし過ぎるため、目をつむってしまう。とても不快で心臓がドキドキする。

②無条件刺激と別の刺激が一緒に提示されて、無条件反応が生じる

無条件刺激＋別の刺激		無条件反応
・例：散歩の際に太陽の光が苦手なのに職員に散歩を強制される		・例：まぶし過ぎるため、目をつむってしまう。とても不快で心臓がドキドキする。

③別の刺激が条件刺激となり、その刺激からも反応（条件反応）が生じる

条件刺激（元は別の刺激）		条件反応
・例：散歩を強制した職員の姿		・例：心臓がドキドキする。

（3）行動問題が起きる事前の状況や起こりやすい活動を調べる

　利用者の行動問題について調べるためには、行動問題を維持している機能（強化子）を明らかにするだけではなく、「行動問題を起こしやすくしている状況や日課や活動」、あるいは「行動問題が起こりやすい周囲の環境」についても調べる必要があります。

　なぜなら、それらの利用者を取り巻く状況（環境）が、利用者の行動問題の強さや起こりやすさに影響していることもあるためです。

　それでは、行動問題が起こりやすくなるような状況や環境とは何でしょうか。例えば、利用者が騒がしい場所が苦手な場合には、周囲の人の多さも関連しているかもしれません。また、暑さや寒さなどの気温や視覚的にチカチカするような刺激的な色合いのものが多く置いてあるような部屋などは、その人にとって不快な刺激であるため、行動問題に影響することがあります。

　また、活動や日課に関連することとして、作業内容の難しさや作業量、利用者にとって苦手な作業や活動である場合は、「注目」や「逃避・回避」の機能の行動問題に発展する可能性があります。

　さらに、その人の体調面の問題も関係しています。例えば、風邪をひいていて具合が悪い、体調が悪い、虫歯が痛くてイライラしている、お腹がすいている、眠くて動けない、あるいはその人に感覚の問題がある場合にも、行動問題に影響を与える可能性があります。

　また、利用者の周囲に苦手な職員や利用者がいたり、職員から活動や作業を繰り返し指示されたり、あるいは苦手な利用者から邪魔をされたり、または苦手な人が存在するだけでも利用者の行動問題に影響しているかもしれません。

　これらの行動問題が起こる事前の状況とは、その利用者の行動問題の起こりやすさや強さに影響するため、支援者は行動問題が起こりやすい状況とは何かをあらかじめ調べておく必要があります。すなわち、**利用者が行動問題が起こりにくい状況や環境、あるいは活動などを特定**し、そのような状況をなるべく増やしていくことで行動問題を減少に導くことができるでしょう。

●行動問題が起こる「直前のきっかけ」の例

職員からの
繰り返しの指示

周囲の利用者の大声

何らかの視覚的刺激
（視覚過敏）

●行動問題が起こりやすい状況の例

周囲に利用者が多く
騒がしい

周囲に興味のある物が
何もない

苦手な日課や活動

●その他、行動問題に影響を与えるもの

体調（空腹、眠気、
疾病、疲労など）

突然の予定変更

新しい環境や職員

（4）行動問題が起きにくい条件からヒントを探る

　利用者の1日の日課の中で、どの時間帯に行動問題が起こりやすいかを調べる方法として、スキャッタープロットという記録法を紹介しました。この記録方法を支援者が少なくとも1週間以上実施することによって、利用者の行動問題が「どの時間帯において起こりやすいか」が見えてきます。また、どのような日課や活動を行なっているときに行動問題が起こりやすいのかを推測することもできます。

　一方、その記録の結果から、「行動問題が起こりにくい時間帯」も明らかになってくるでしょう。どんなに激しい行動障害のある利用者でも24時間いつでも行動問題を行ない続けている可能性は低いと考えられます。すなわち、1日のうち行動問題を起こしていない時間帯を見つけるところからはじめます。

　そのような時間帯が明らかになったときに、「その時間に行動問題が起こっていないのはなぜか」を検討する必要があります。その時間に行動問題が起こりにくいような条件が隠れているはずなのです。

　職員が利用者の日常生活全般を観察し、行動問題が起こりにくい条件を推測することはマンツーマンの支援でもない限りは非常に困難ですので、行動問題が起こりにくい時間帯に限定して、利用者の様子を観察するようにします。

　この際の記録方法としてはABC記録法がよいでしょう。その際の行動（B）の記録として、「行動問題を起こさずに何をしているのか」を記録します。さらに、行動に先行する条件（A）として、「どのような活動や作業、日課を行なっているときなのか」「周りの状況はどうなのか」「利用者本人の体調はどうなのか」「周囲の支援者の関わりや利用者の様子はどうなのか」などを明らかにしていきます。また、「どのような結果により本人の良い行動が強化されているのか？」という結果（C）の部分も明らかにします。

　これらの観察結果から、**その人の行動問題を起こしにくい良い条件を探り出し、可能であればその良い条件を増やして拡大することで**、利用者の望ましい行動が起こりやすい環境を作り出すことが目的です。

●行動問題を起こしていないときの環境を調べる

| 行動問題を起こしていない時間帯 | | そのときの活動、場所、周囲の職員などの条件を調べる |

●スキャッタープロットで記録した結果、起こりにくい時間帯が見えてくる

	6／7 (月)	6／8 (火)	6／9 (水)	6／10 (木)	6／11 (金)	6／12 (土)	6／13 (日)
6:00〜							
7:00〜	×		×	×		×	
8:00〜		×					
9:00〜							
10:00〜							
11:00〜	×				×		
12:00〜			×	×			

この時間の条件を調べる

●行動問題をしていないときに利用者を観察しABC記録法で記録する

A（きっかけ・状況） 場所、職員、活動内容など → B（行動） 行動問題ではなく、何をしているのか → C（結果） 利用者にとってのうれしいこととは何か

（5）調べた結果から仮説を立てて支援計画につなげる

　これまで、利用者の行動問題のきっかけや状況（A）、行動問題の具体的な定義（B）、あるいは行動問題がどのような結果によって強化されているのか（機能）（C）について、説明してきました。

　機能的アセスメントのまとめとして、利用者の行動問題のABC分析や機能を特定し、その結果に基づいて仮説を立てることが求められます。

　すなわち、利用者の行動問題がどのようなきっかけ、状況のときに（A）、どのような形態で行動が起こり（B）、どのような結果によって強化されているのか（C）という仮説を立てるわけです。もちろん、仮説というからには絶対に真実であるわけではありません。おそらく事前アセスメントや観察の段階で、利用者の行動問題に関する100％正確な情報が得られるわけではありませんので、あくまでも「おそらく……かもしれない」という仮定の話なのです。しかし、事前のアセスメントにおいてなるべく仮説が100％に近づけられるように、調べる必要があるでしょう。

　仮説の記述の仕方としては、「おそらく利用者の○○という行動は、○○という状況（活動）のときに、○○によるきっかけにより、○○という行動の形態で生じることで、○○という結果により強化され維持しているのではないか？」という書き方をします。すなわち、「利用者の行動問題のABC分析を言語化したもの」ということができるかもしれません。

　例えば、「Aさんの頭を叩く自傷行動は、デイルームに利用者が多く騒がしいときに、職員からデイルームに居るように指示されることをきっかけとして、左右どちらかのこぶしで激しく頭を10回程度叩く行動を示すことによって、自分の居室に居ても良いことを職員から許可されることで強化され維持しているのではないか」というような書き方です。

　利用者の行動問題に関する仮説が導き出されたら、「状況やきっかけへの支援」「望ましい行動・代替行動の支援」「結果への支援」あるいは「行動問題が生じたときの危機対応」について、行動支援計画を立案することになります。

【行動問題の仮説の例】

仮説の例1）利用者が眠たいときに、職員が作業を始めるように指示した場合、利用者は自身の頭を2、3回叩くことにより、作業をやらなくて済むことで維持されているのではないか。

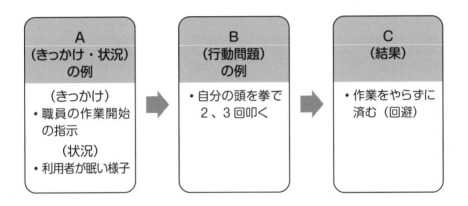

仮説の例2）周囲が騒がしいときに、他利用者の大声がきっかけとなって、他利用者の頭を後ろから叩くことにより、静かになることで維持されているのではないか。

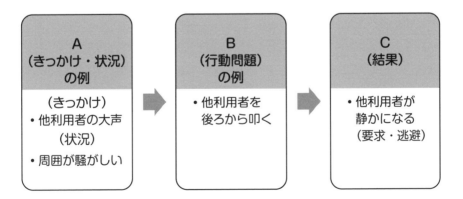

第3章
行動問題への支援方法

1 行動問題の予防法

(1) 環境を豊かにする

　環境とは、その人の生活している周囲の物品や住居環境、その人に関わる職員や利用者家族、友人、活動、あるいは福祉サービスや法律、その他の社会資源など、その人の行動に影響を与えるもの全てを含みます。そのため、職員は利用者の行動に影響を与えている環境はどのようなものかを把握しておかなければなりません。もし、その人の周囲に物品が乏しかったり、住居環境が悪かったり、関わる人が少なかったりする場合には、その利用者が生活する上で刺激が足りなくなり、つまらない状態が続きます。そうなると、行動問題を誘発するような間接的な要因にもなりうるのです。なぜなら、全ての人は、「物が何もない」「やることがなくつまらない」などの環境の刺激が周囲に存在しない場合、自分自身で刺激を作り出そうとします。特に感覚低反応がある場合には、自己刺激行動や自傷行為を誘発する要因となり得るでしょう。

　例えば、われわれでも学校での授業や研修での内容がつまらなかったり、難しくてわからなかったりした場合には、講師の話を聞くことができなくなり、自分の爪をいじったり、教科書や資料に落書きしたり、スマートフォンを使用したりするなどの暇つぶしのための行動が誘発されます。つまり環境刺激が何もない、あるいは嫌悪的な場合には、自分自身で刺激を作り出しているのです。すなわち"暇であること"に耐えられないのです。

　施設内の居室において、利用者が物を壊すなどの原因で、利用者の居室に物が何も置かれていない場合や、施設によってはカーテンさえも取り外されているところがあります。そのような場合、おそらく、施設職員の気持ちとしては、「どうせ壊すのだから、再び物を置いたり、設置したりする必要などないのでは？」と考えているのかもしれません。

　しかし、「利用者の周囲に物を豊富に配置することによって、その人の行動問題が軽減した」という研究がかつて報告されています。これは、環境豊穣化（environmental enrichment）と呼ばれる方法で、Horner ら（1980）に

よる研究です。この研究では、施設に入所しており、自傷や他害などの様々な行動問題を示していた最重度の知的障害児者に対して、その人の周囲に玩具や物を置き自由に使用できるようにしただけで、支援前と比べて行動問題の減少を示しました。このように、**利用者の周囲の環境を豊かにすることは、その人の行動問題への動機付けを下げる効果もある**のです。

　ただし、刺激への過敏性が高い利用者の場合は例外です。そのような利用者を支援する初期の段階では、周囲に物を置いてしまうとその人にとっての余計な刺激となってしまい物壊しなどの行動問題を誘発してしまうかもしれません。そのため、初期の段階では物は置かずに、環境になれることと職員との関係形成に重点を置き、利用者が施設環境に慣れてきたら徐々に物を増やしていくやり方の方がよいでしょう。

●**環境刺激の欠損による行動問題のメカニズム**

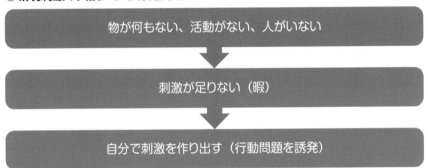

●**周囲に様々な物を配置するだけで、行動問題を予防することができる**

（2）スケジュールの作成

　スケジュールとは、利用者が望ましい行動を行なうための道標となるものです。毎日の決まりきった日課のように、ある程度その日の予定が予測可能であり、利用者が迷うことなく過ごすことができているのであれば、わざわざスケジュールを使用する必要はないでしょう。しかし、自分の活動や余暇について、いくつかの選択肢の中から自分で決定し自分でスケジュールを定めて、それに従って行動することは利用者の自立につながるでしょう。

　スケジュールが有効である理由として、ASD者は予期不安が強いため、前もって予定が分かることで不適切な行動を軽減できることが挙げられます。もし、1日の予定が分からなかったり、日課や活動がいつ行なわれるのかが不明確であったり、いつもの予定が突然変更になるようなことは、施設内だけに限らず地域生活でも生じうることです。ASD者の場合、そのような突然の予定変更に対応できず不安になり、場合によっては行動問題を示したりすることもあるため、予防するためにもスケジュールが有用なのです。

　まずは活動や日課に関連する写真や絵カードを作成します。写真と絵のどちらがよいかは、その利用者にとってどちらが見やすい（認知しやすい）のかで判断します。写真を写す場合は、背景は無地で周囲には何も写さないようにしてください。写真や絵を貼り付けるスケジュールボードは、縦型に掲示する物とブック型の物があります（携帯端末などのアプリをダウンロードして使用してもよいでしょう）。写真をスケジュールボードに貼り付けられるように、写真とスケジュールボードそれぞれにマジックテープなどで貼り付けましょう。上から順番に時系列で写真を貼ります。スケジュールを操作できるようになるための支援方法としては、まず1番上のカードを取り、スケジュールに関連する活動を実施します。活動が終了したら、カードをおしまいBOXに入れてください。次は2番目のカードをはずして活動を実施することとなります。

　スケジュールは様々な場面で使用できますが、まずは、ASD者の行動問題が起きるリスクがある時間帯に導入するようにしましょう。その後、様々な場面で活用できるように拡大していってください。

●スケジュールのカード

写真の場合は画面いっぱいに写し、
背景には無関係なものを写さない。

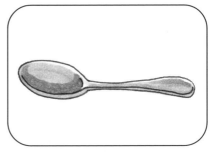

写真よりもイラストの方が理解し
やすい場合もある。

●スケジュール活用の例

①1番目のスケジュールを確認し
そのカードをはがす。

②はがしたカードに対応した道具
を準備し、カードは活動を行な
う場所の近くに置いておく。

③活動が終わったら、道具を片付
け、カードはスケジュールの一
番下のおしまいBOXに入れる。

④次のスケジュールを確認する
（以下、同様に行なう）。

(3) 定期的に注目を与える

　利用者の行動問題が、他者からの注目によって維持されている場合に有効な方法です。前述したように、利用者の行動問題は、職員や家族から認められたい、褒められたい、見てほしいなど他者からの注目を獲得するために行なっているものがあります。そのような行動問題の直後に、その人にとっての強化子である注目を与えたりすると、その行動問題が継続することになってしまいます。その場合、**行動問題が起こる前に、あらかじめ注目し続ける**ことによって、行動問題を起こさなくても済むようにする方法があります。それが「**定期的に注目を与え続ける**」という支援方法（非随伴性注目：Vollmer ら［1993］）です。この支援方法の根拠は、「定期的に注目を与え続ければ、利用者も満足してわざわざ注目の機能の行動問題を起こさなくなるのではないか」ということです。ただし、その人の行動が、本当に注目によって維持されているのかどうかを機能的アセスメントによって確かめておく必要があります。

　実際の支援方法としては、記録をとることによって利用者の行動問題がどのくらいの頻度で起こっているのかを確かめます。1 時間に 10 回程度なのか、それとももっと少ない頻度なのかを記録に基づいて確認するようにしましょう。次に、その頻度の同程度の注目を利用者に提供するようにします。行動問題の頻度は、その利用者がどれだけ注目を求めているのかという目安にもなりますので、同じくらいの比率で注目も与え続けなければなりません。例えば行動問題の頻度が 1 時間に 10 回程度であれば、少なくとも 5、6 分に 1 回は注目するための声かけをしなければならないでしょう。もちろん、行動問題の頻度が低ければ、もっと少ない頻度でもよいかもしれません。しかし、その日の利用者の様子によっては注目を与える頻度を多くしたり、少なくしたりすることによって調整する必要はあると思います。なぜなら、その日の状況や活動内容、利用者の体調によっては起こりやすさが変化する可能性があるからです。

　実際の注目の方法は、声かけが基本となります。声の掛け方は利用者に喜んでもらえるような方法を確認しておいてください。基本的には利用者の行動について、どのように褒めるのかが重要になってくるでしょう。

●注目の機能の行動問題の場合

①注目で維持されて
いる行動問題の場
合

②定期的（例えば 30
分ごと）に注目（声
かけなどして）を
与え続ければ……

④わざわざ自分から
行動問題を起こさ
なくても満足感が
得られる

③利用者は定期的に
注目（強化）される

●（応用編）多飲水などの行動問題がある利用者への応用

①利用者が頻繁に水
を飲んでしまう
（水中毒の危険性）

②あらかじめ水を提
供する時間を利用
者に知らせておく

④利用者は満足し、
水中毒も予防でき
る

③職員が定時に水を
提供する

（4）職員の指示や日課・活動内容を工夫する

　福祉施設における1日の日課は、たいてい毎日が決められたものとなっていると思います。毎日決められていますから、1日の予定について利用者が把握しやすいというメリットがあります。一方、日課の内容が利用者の苦手なものであったり、好みではなかったり、飽きやすかったりする場合には、利用者の「逃避・回避で維持された行動問題が起こる要因」になる可能性があります。特に、「職員からの指示が多い活動」「課題が難しい」「課題が長すぎる」「課題の内容が苦手」「課題を通して選択の機会が少ない」などの場合には、利用者が行動問題を起こす要因となるでしょう。

　そのような場合に支援の1つとして、日課の内容について変更することも考える必要があります。その方法として、「日課を利用者の好みに合わせた内容を導入する」「職員の指示が多すぎるのであれば指示を簡潔に分かりやすくする」「職員の指示がなくても課題が遂行可能な自然なプロンプトを配置する（例えば、活動スケジュールや写真による指示書）」などの方法があるでしょう。また、課題が難しい場合には、利用者に合わせた難易度の課題に変更する必要があります。一方、利用者にとって作業や活動が簡単すぎてつまらない場合もありますので、利用者にとって適度な難易度を常に検討する必要があるでしょう。さらに、活動が長すぎる場合も同様に、利用者にとって最適な活動の長さに検討する必要があります。もちろん長すぎても疲れますし、逆に短すぎると退屈過ぎることがあります。特に、利用者が活動を問題なく遂行できるからといって、長時間にわたって設定する場合もあります。しかし単に利用者が口頭で訴えることができなかったり、強迫的に活動している可能性も考えられます。すなわち、利用者は我慢をして活動を遂行している可能性もありますので注意が必要です。また、利用者にとって苦手で嫌な活動が続いている場合には、それを利用者の好みのものに変更することも必要です。もし、どうしても苦手な課題をやらざるを得ない場合には、**間に休憩を入れたり、課題の後に利用者にとって好きな活動を設定しましょう。**さらに、苦手な活動でも利用者に前もって**活動を選択してもらうとその活動の嫌悪性が低くなります。**

◉職員の指示の仕方を工夫する

職員からの指示が多い　→　職員の指示の仕方を変える（簡潔にする、優しくする）　→　指示がなくても、「視覚的手がかり」のみで活動できるように

◉日課や活動内容を変更する

適度な難易度の日課

利用者の好みの活動

集中して取り組むことができても、無理をさせないこと

(5) 視覚的な手がかり

　職員が利用者に何か課題を指示するとき、話しことばのみでは伝わりにくく、利用者にとっても理解しにくい場合があります。特に、ASD者の中には、音声による指示理解が困難な人もいます。確かに、日常生活における決まった日課の場合には指示に従事できるかもしれません。しかしその場合は、元々利用者が日課の内容について把握しているために従事可能なのであって、職員の声は利用者の行動開始のきっかけに過ぎないのかもしれません。そのため、指示理解が困難な利用者の場合には、指示の内容が理解できずに実際に行動に移すことが困難となる可能性があります。そのことを職員が分かっていないと、利用者に対してことばだけによる指示を行なうだけではなく、職員がさらに強い指示をするようになります。その結果、利用者が職員の指示を嫌がるようになり、ますます指示従事が困難となるかもしれません。

　その場合、目で見て分かりやすい視覚的な手がかりを使用する方法があります。われわれが生活する環境の中でも、視覚的な手がかりには、様々なものが存在しています。例えば、交通標識や道案内の地図、男性（女性）トイレを区別するためのマークやお店の案内図、カーナビなどもこれに含まれます。ちなみに「視覚的に分かりやすい」物には、絵や写真だけではなく、実物を使用する場合もあります。

　日常生活の中で、われわれにとっては当たり前のことであっても、利用者にとっては困難なことはいくらでもあります。そのため、基本的な生活スキルだけに限定して挙げると、1日のスケジュールや、その日に何を着るのかをその日の気温や外出の有無によって視覚化して示すこともできます。また、可能であれば食事やおやつの写真付きメニューを支援員が提示して、そこから選択させることも可能です。さらに歯磨きや手洗い、入浴の仕方などの手順を絵や写真を使用して提示することも大きな手がかりとなるでしょう。

　その他にも、例えば、男女のトイレを見分けるための記号などのように、活動場所を「何をする場所なのか」を絵や記号で示すことによって明示することもできます。

●視覚的に分かりやすい手がかりの使用

音声指示だと利用者が理解できないこともある。

次にすることが見た目で分かりやすいと、利用者も理解しやすい。

●視覚的な手がかりの例

活動スケジュール

手順書（課題分析表）

トークンエコノミーの台紙

場所の手がかりを示すもの

選択肢（メニューなど）

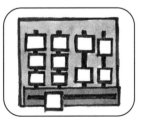

PECS® のコミュニケーションボード

（6）余暇を充実させる

　施設内で日課を過ごすに当たって、必ず生じる時間帯が余暇の時間です。余暇の時間に自分の楽しみな活動ができる利用者の場合は、制限された施設環境の中でも、ある程度の満たされた時間を過ごすことができるかもしれません。一方、余暇の時間に何もするようなことがなく時間をもて余し、そのことが間接的に行動問題の要因となっている場合もあります。このような利用者は有意義な余暇時間の過ごし方を検討した方がよいかもしれません。

　人間は環境から受ける刺激が何もないと、自分で刺激を創りだそうとします。ASD者の常同行動なども自分で刺激を創りだしている行動であると言えるでしょう。さらには、暇であるが故に職員や他の利用者の注目を引き、その反応を楽しむ行動問題も生じる可能性があります。そのような意味で、利用者自身が満足するような余暇の過ごし方を教えたり、楽しみを提供することは非常に意義があります。

　余暇を提供する方法としては、まず福祉施設内で、組織的に集団に対して提供する方法として、散歩などの運動や外出などが挙げられます。他にも、カラオケやレクリエーション活動なども可能かもしれません。しかしこれら**集団で行なう組織的な余暇活動の欠点としては、利用者個人の好みが反映されにくい**ことです。例えば、散歩が好きな利用者もいれば苦手な利用者もいます。また、カラオケに関しても歌うことが好きな利用者もいれば、聴覚過敏で大音量を聞かされることが苦痛な人もいるでしょう。その活動が好きな人だけに参加を限定すればよいという考え方もありますが、集団に参加できない人は放置されてしまうことになります。

　そのため、利用者一人ひとりに対して余暇の過ごし方を検討することが重要となってきます。方法としては、まず利用者の好みを調べ、できるだけ実現できる可能性を探っていくことです。利用者が何をやりたいのかを明らかにしたら、活動スケジュールを作成し、利用者自身が余暇を充実して送れるよう支援しましょう。

◉利用者に余暇を提供する方法の違い

	メリット	デメリット
集団での余暇活動	合理的に支援できるため、職員のコストがかかりにくい	利用者によって好みが分かれる 全ての利用者が満足できない
利用者への個別での余暇提供	利用者の好みが反映されやすい	職員のコストがかかる

◉利用者の好みをアセスメントする方法

本人や家族などに好みの聞き取りを行なう方法

選択肢を提示して利用者本人に選ばせる方法

一つひとつ、実際に試してもらい、その表情や反応を見る方法

(7) 選択肢の提示

　地域で生活する利用者と比べて、施設環境で生活する利用者は選択肢が制限されている可能性があります。特に、生活環境に制限がある入所施設などの場合、外出機会が少なく地域や社会活動に関わる機会が少なくなり、必然的に選択肢も減ってしまいます。一方、通所施設やグループホーム、あるいは在宅など、地域とのつながりがある利用者の場合には、様々な社会活動に参加する機会があり、おのずと選択肢が多くなります。例えば、買い物や余暇のための外出、友人や親しい家族と会う、飲食店で食事をするなど多くの機会があり、その中でも様々な選択の機会があります。

　知的障害がある場合には、食事のメニューやその日に着る衣服、あるいは時間の選択機会を家族や職員が意図せずに代わりに選択することにより、選択機会を奪っている可能性があります。すなわち、**障害があるが故に、家族や職員による支援が過剰になっている場合があり**、そのことが皮肉にも障害のある人が自分で選択する能力を学習する機会を奪っている場合があるのです。

　しかし入所施設のような制限された環境の中でも、利用者に対して選択肢を提示することは可能です。たとえ入所施設でも日常生活で選択をする機会は数多くあります。例えば、朝起きて何を着るかという衣服の選択から、食事メニューの選択、作業の内容、余暇活動の選択、あるいはこれらのことを実施する時間をいつにするのかなどが挙げられます。選択肢の提示の方法としては、ことばによる選択から、実物を提示して指さししてもらう、あるいは写真や絵などのメニューを作成し、そこから選んでもらうやり方もあります。

　一方、あまりにも**選択肢が多くなってしまうと、選択の難易度が上がってしまいます**。利用者が多くの選択肢から判断・比較しなければならないからです。そのため、これまで選択する機会が少なかった人や能力に制限があるような人には選択肢を2つにするか、「好きなものと嫌いなもの」から選択してもらうなど、選択の難易度を下げ、選択肢を分かりやすくすることが必要です。

◉選択の必要性

入所施設の場合にはどうしても活動が制限されてしまうため、選択肢が限定される

そのため、意図的に施設内での選択肢を設定するべき

◉施設で設定できる選択肢の例

衣類

作業内容

余暇活動

食事のメニュー

時間
（入浴、寝起き）

外出機会

◉選択肢の提示方法

メニュー表など視覚的に分かりやすいものを作成し、指さしで選んでもらう。

選択肢が増えると難易度が上がるため、最初、選択肢は2つにする。

2 行動問題の代わりの行動を教える

(1) その人の行動問題の機能は何か

　第２章では行動問題は大まかに分けて４つの機能（注目、要求、逃避・回避、感覚）に分類されるという解説をしました。そもそもなぜ行動問題の機能を明らかにする必要があるのかというと、その機能に合わせた支援を実施することで行動問題軽減への効果が変わってくるためです。行動問題が、利用者が誤って学習したコミュニケーションの手段であると考えると、その**代わりのコミュニケーション方法を教え、その行動を強化し増やしていけば、相対的に行動問題を減少させることができます。**その代わりの行動のことを「代替行動」と呼んでいます。

　利用者に代替行動を支援するに当たっては、あらかじめその利用者の行動問題の機能について明らかにしておかなければなりません。その方法としては前述した機能的アセスメントが挙げられます。

　例えば、行動問題が注目の機能を有している場合には、「職員や周囲に人がいるとき」に行動問題が頻繁に生起していたり、行動問題が起こった後に「毎回のように職員が対応している」、あるいは行動問題する際に「利用者が職員の方を見ている」などによって明らかになります。

　また、行動問題が要求の機能を有している場合には、行動問題が起こった後に「利用者が欲しい物品や食べ物がもらえた」「利用者がやりたい活動を実施できる」などの結果によって明らかとなります。

　行動問題が、逃避・回避の機能によって維持されている場合とは、その利用者にとって「嫌な課題や活動をやっているとき」に行動問題が起こったり、「嫌な課題をやる前」に行動問題が起こったりすることで、その嫌な課題や活動をやらなくても済む場合のことを指します。

　感覚の機能を有している場合には、「周囲に誰もいないとき」や「何もするようなことがない時間帯」でも起こることがあり、本人が自ら感覚を得たり、痛みなどの不快な感覚を取り除くために起こしている場合などが考えられます。

●代替行動の条件①

機能的アセスメントによりその行動問題の機能を明らかにする。

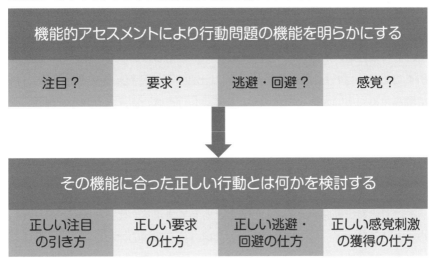

機能的アセスメントにより行動問題の機能を明らかにする			
注目？	要求？	逃避・回避？	感覚？

その機能に合った正しい行動とは何かを検討する			
正しい注目の引き方	正しい要求の仕方	正しい逃避・回避の仕方	正しい感覚刺激の獲得の仕方

●代替行動の条件②

正しい行動とは周囲の人に迷惑がかからない行動で奇異な目で見られない行動のことである。

他者に迷惑が
かからない行動

他者から奇異な目で
見られない行動

（2）代替行動とは何か

　代替行動とは、行動問題と同じ機能でありながら適切な形態の代わりの行動のことです。自傷や他害、あるいは物壊しなどの行動問題の形態は、本人だけではなく周囲の人や環境に多大なる迷惑をかけてしまいます。例えば、注目を引くために、「激しく頭を何回も叩く」「出血するまで壁に頭突きをする」「外に聞こえるくらい大声で泣き叫んだりする」ことは、本人のみならず周囲の人が被害を受け、精神的にもかなり疲れてしまうかもしれません。ただし、注目獲得、要求、逃避などのために他者とコミュニケーションを取ること自体は、決して悪いことではありません。しかし行動問題はその形態が問題となるのです。

　そこで代替行動を教えることが重要となってきます。代替とは何かの「代わり」という意味で、何の代わりかと言えば「行動問題の代わり」という意味なのです。要するに、行動問題の形態では本人への危害だけでなく、周囲の人にも多大なる迷惑を与えることになります。そのため、行動問題に代わりに、本人にも周囲の人にも危害を与えないような形態で、他者とコミュニケーションをとる必要があるのです。

　代替行動には「行動問題と同じ機能であること」という条件があります。つまり、行動問題が果たしている機能と同じ機能の代替行動を教えなければならないのです。例えば、行動問題が注目獲得の機能であったら、それは不適切な形態で他者からの注目を獲得していることになります。しかし本来、人間が生きていく上で、コミュニケーションが果たしている役割は大きいため、適切なコミュニケーションを身につければ何の問題もないのです。そのため、他者からの注目を獲得するために「肩を軽く叩く」「その人の名前を呼ぶ」「その人に向かって手を振る」など、**周囲の人から見て違和感のない行動**であればよいのです。職員は、利用者がそのような行動ができるように支援しなければなりません。

　すなわち、本人や周囲の人にとって「迷惑にならない適切な代替行動とは何か」を考え見つけることによって、利用者を支援する必要があります。

●代替行動の支援手順

①機能的アセスメントによって、その行動問題の機能を明らかにする

②その人の行動問題と「同等の機能をもつ行動」を考える

③さらに、周囲の人に迷惑をかけずに
受け入れられる行動かどうかを検討する

④機能と同等の機能である代わりの周囲の人に受け入れらる行動
（代替行動）のアイデアをいくつか考える

⑤その中で最も利用者が獲得しやすい行動を選択する

⑥その行動を利用者にプロンプトして1人でできるようになるまで支援する

⑦代替行動ができたら強化する

（3）利用者の代替行動を見つけるコツ（既存行動を見つける）

　代替行動とは、利用者が示している「行動問題と機能は同じであるが適切な形態で表出される行動」です。しかし、職員を悩ませる問題の１つとして、利用者の行動問題と同じ機能の代替行動をどのように考えればよいのか分からないということです。利用者の代替行動を見つけるポイントは３つあります。

　１つ目は、繰り返しになりますが、行動問題と同じ機能の適切な行動にはどのようなものがあるかを見つけることです。例えば、注目を引くための行動には、「職員の名前を呼ぶ」「肩を軽く叩く」「『ねえねえ』と言う」「ドアをノックする」などが挙げられます。また、要求行動では、「『○○ください』『○○やりたいです』と言う」「絵カードを渡す」「物や場所を指さす」などの行動が挙げられます。逃避・回避の行動は、「嫌なことがあった場合に『休憩したいです』『やりたくないです』と言う」「休憩カードを手渡す」などが挙げられます。感覚の場合はコミュニケーション行動ではないのですが、利用者が快感を得るために行なっている場合には、「適切な遊び」を提供したり、「暇つぶしの方法を教えるための余暇支援」が重要となってきます。すなわち職員は利用者の行動問題の機能をしっかりとアセスメントし、同じ機能の適切な代替行動を見つけなければなりません。

　次のポイントは、代替行動が適切な形態であることです。適切な形態の行動とは、周囲の人から見て「おかしいな」と思われない行動であるということができます。例えば、スーパーで「頭を叩く」行動をしていれば周囲の人から好奇の目に晒されますし、職員も対応に困ってしまうでしょう。

　最後のポイントは、**利用者が元々できる行動（既存行動）の中から選択する**ことです。もし、できない行動を一から教えなければならない場合には職員の手間がかかるだけではなく、利用者自身も負担が大きくなってしまい、その結果、代替行動が強化される機会が少なくなってしまいます。その利用者にとって教えることが難しい場合には、その人が元々どのようなコミュニケーション行動をもっているのかを調べて、その行動を強化することによって増やした方が、職員と利用者双方の負担が少なくてよいのです。例えば、利用者が要求す

る際にクレーン行動（職員の手を持って引っ張る）を使用しているのであれば、その行動を強化する方がわざわざ新たな代替行動を教えるよりも、手っ取り早く行動問題を軽減させることができるでしょう。

●機能別の代替行動の例

注目	要求	逃避・回避	感覚
・話しことばにより伝えられる ・絵カードの使用 ・レコーダー、スマートフォンの使用 ・肩を叩くなどのジェスチャー	・話しことばにより伝えられる ・絵カードの使用 ・レコーダー、スマートフォンの使用 ・ジェスチャーを教える	・休憩カードの使用 ・「やりたくないです」と言うことを教える ・×カードの使用	・余暇活動の支援 ・好きな音楽が聴ける ・感覚刺激が得られる物（ゴムボールなど） ・イヤーマフ（聴覚過敏の場合）

●利用者が習得しやすい行動とは？

利用者がもともとできる行動（既存行動）を利用する → 利用者も職員も負担が小さくなるメリット → 既存行動がない場合は、負担が少なくすぐ覚えられる代替行動を考える

（4）代替行動をどのように教えるか（支援手続き）

　利用者に教える代替行動を決定したら、いよいよどのように教えるかを検討します。まずはその利用者の行動問題がどのような場面で起こりやすいのかを明らかにします。行動問題が起こりやすい場面で代替行動ができるようにならなければ、行動問題を効果的に減少させることはできません。行動問題が起こりやすい場面が明らかになったら、行動問題と同じ機能である代替行動の方法について、利用者に教えることになります。

　代替行動が、利用者が元々できる既存行動である場合には、わざわざ教える必要はないのですが、その利用者が機能に合った代替行動を元々もっていない場合には改めて教えなければなりません。教える方法は、**プロンプト・フェイディングの方法**で支援します。例えば「くださいのサイン」を利用者に教えるとします。はじめに、くださいの形態である「手のひらを上にして両手を重ね、相手に見せる」を利用者ができるようになるために、職員がその形を利用者の手を支えながら作ります（身体プロンプト）。また、同時に利用者に対して「ください」と職員が音声教示します。利用者が「ください」の形態を作ることができたら、言語賞賛します。次に、利用者が、自発的に「くださいサイン」ができるようになるまで、利用者と練習を行ないます。このとき、職員は利用者が1人でできるようになるために、徐々にプロンプトを少なくしていく必要があります（フェイディング）。

　代替行動を利用者ができたときには、もちろん強化されなければなりません。このときの強化子は、行動問題が強化されているときの強化子と同一である必要があります。例えば、その利用者の行動問題が注目獲得の機能であるならば、代替行動の強化子も同じ注目である必要があります。

　最後に、実際場面でも確実にできるようになったら、特定の場面だけではなくあらゆる場面で適用できるように支援する必要があります。また、代替行動は1種類だけではなく様々な種類を教えるようにしましょう。

●代替行動支援の手順（「ください」サインを教える場合）

①「ください」サインを教えるのにふさわしい場面を設定する（おやつの時間など）。

②職員が利用者に「ください」と言語プロンプトを行なう。

③利用者が指示してもサインが表出しない場合は、職員が身体プロンプトを行なう。

④利用者が「ください」サインを表出できたら、すぐにおやつを少量提供する。

⑤再び、「ください」サインが出るまで待つが、このとき待つ時間をあらかじめ決めておく（5秒間など）。

プロンプトなしでできるようになるために、プロンプトの頻度を徐々に減らしていく。

3 代替行動、望ましい行動への結果操作

（1）褒めことば

　利用者に望ましい行動を実施し続けてもらう上で非常に重要な役割を果たす強化子の１つが「褒めことば」です。褒めことばを上手に使うことができるようになると、利用者の望ましい行動の増加に多大なる貢献をするでしょう。

　褒めことばの基本的な考え方は、対象となる利用者がどのようなことばかけをすれば喜んでもらえるか考えることです。**利用者にうれしいと思ってもらえる褒めことばは、個々の利用者によって異なる**ということをくれぐれも考慮に入れてください。そのため、実際に利用者を褒めてみて、効果がないと思われたら他の褒めことばを適用するようにしましょう。

　次のポイントとして、**褒めことばがワンパターンだと、利用者が飽きる可能性**があります。例えば毎回のように「上手だね」ばかり言っていると、最初はうれしかったとしても、そのうち利用者がそのことばに飽きてしまうかもしれません。そのため、様々なパターンの褒めことばを用意しておきましょう（例：「すごいですね」「行儀よくできましたね」「素晴らしい」など）。

　３つ目のポイントとして、褒めことばがなかなか思いつかない場合は、その利用者ができている**望ましい行動を具体的に褒める**という方法もあります（例：「上手に椅子に座りましたね」「おはしをきれいに持てていますね」など）。

　最後のポイントは、褒めことばに抑揚をつけることです。抑揚をつけることで、ただの抑揚のない褒めことばよりもかなりの効果が上がることでしょう（しかし、まれに抑揚が苦手な人もいますので気をつけてください）。

　その際に決して大きな声で言う必要はありません。仮に大きすぎる声で褒めてしまうと、利用者はびっくりしてしまいますし、聴覚に過敏性のある利用者の場合には、反対に怒られていると勘違いしてしまう可能性があります。

　職員（特に男性）の中には、褒めることが苦手で口に出して褒めることが恥ずかしい気持ちがあるかもしれません。もし他の職員に聞かれるのが恥ずかしい場合には、利用者の耳元でささやく程度でも効果はあるでしょう。

●褒めるポイント

人によってうれしい褒めことばは違う	一つひとつ試して、どの褒めことばを言われたらうれしいのかを利用者の行動や表情を見ながら判断する
ワンパターンだと飽きる	様々な褒めことばを用意
	「すごいですね」「行儀よくできましたね」「うまいですね」
具体的に褒める	「おはしの持ち方がきれいですね」「上手に椅子に座れていますね」など
抑揚をつける	大きな声で褒めなくても、抑揚をつければ伝わりやすくなる
	抑揚が苦手な人もいるため注意

●利用者の近くで、小声で褒める程度でよい

(2) ご褒美シール・スタンプ（トークン）

　褒めことばだけではなく、シールやスタンプも強化子として使用することができます。特に、机上で作業や課題を実施した際にシールやスタンプをご褒美として設定することは有効でしょう。

　そのときに、利用者の好きなキャラクターや色のシール、スタンプなどを使用するとより効果的です。そのため、前もってその利用者の好みのキャラクターや色などを把握しておきましょう。シールを利用者に提供するタイミングは、作業を一定量達成するごとに提供する方法と、作業が全部終了したら提供するやり方があります。利用者によっては、作業に対する動機付けが低く、全くやる気が見られない場合があります。また、褒めことばなどが効果的でない場合には、シールやスタンプの使用を試してみましょう。

　特に、作業に対するやる気が見られない場合には、利用者が一定量作業を実施するごとにシールを提供する方法を行なうとよいでしょう。例えば、シールを貼るための台紙を作り、シールを貼る欄を例えば5ヵ所設定するようにします。利用者が、作業を10回やるごとに1枚シールを提供するなどの方法で、利用者が一定量（あるいは一定時間）作業を実施するごとにシールを提供するとよいでしょう。このシールをあげるタイミングとしては、利用者のやる気が下がらない程度のタイミングがよいと思います。例えば、5分ごとに離席するなど、作業に対するやる気が見られない場合には、5分ごとにシールを提供するとよいと思います。また、シールを貼るのは利用者本人にやらせると利用者自身の達成感や強化子の効果も高まるでしょう。ただしスタンプを利用者に渡すと際限なく押してしまう場合には、職員が管理する方がよいかもしれません。

　さらに、この方法とトークン・エコノミー（Ayllon & Azrin, 1968）を組み合わせるとさらに効果が上がる場合があります（トークン・エコノミーについては後述します）。利用者が、作業やお手伝い、あるいは望ましい行動をするとトークン（シールなど）を獲得することができ、トークンを一定量貯めるとご褒美としての強化子がもらえるという仕組みです。

●トークンの例

シール　　　　　　　　　スタンプ

●利用者にとっての好みのキャラクターなどを使用すると効果が高い

●作業の終わりを明確化する上でトークンは役に立つ

(3) 休憩

　休憩は、利用者にとって困難で苦手で嫌いな作業や活動をやらなければならないときに、その作業を中断するという方法です。利用者が苦手な作業や嫌いな活動をあえて行なわざるを得ない状況は少なからずあると思います。しかし、そのような苦手な作業や活動を続けていると、利用者が逃避・回避の機能を有する行動問題を起こす可能性があります。

　そのような行動問題を予防するために、ある一定時間経過したら（もしくは一定量作業を達成できたら）休憩を取り入れるようにすると、そのような行動問題を予防できるかもしれません。ただし、休憩を導入する上でいくつか大切なことがあります。

　1つ目は、休憩を入れるタイミングです。そのタイミングとは、利用者が普段どのくらい作業や活動に集中できているかによって異なります。集中が途切れるタイミングは、離席や常同行動の増加、行動問題の有無によって判断することができます。そのような兆候が出てきた際には休憩を取り入れた方がよいでしょう。

　2つ目は、休憩は本人主導ではなく、職員が休憩を許可する必要があるということです。作業や活動などは職員が主導して行なっているのであれば、職員の許可をとるということを徹底した方がよいでしょう。もし、本人が自ら休憩をとってもよいということになれば、利用者自身がいくらでも際限なく休憩してしまうかもしれません。そのため、前もって代替行動を教えてもよいでしょう。

　3つ目は、休憩時間は長くなりすぎないように注意しましょう。活動全体の長さにもよりますが、休憩時間は10～15分以内に設定するべきです。あまりにも長く設定してしまうと、作業や活動に戻りにくくなってしまいます。なぜなら、本人にとって休憩時間は大好きな活動であり休憩の終了は、大好きな活動を取り上げられることになります。そのため、あまりに長くなってしまうと休憩を終了しにくくなってしまうのです。そのため、あらかじめ休憩の終了が分かるようにタイマーなどによって利用者に分かりやすく、終了時間を知らせるようにした方がよいでしょう。

◉あらかじめ休憩を設けることで行動問題が避けられる

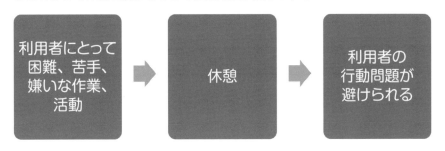

◉体調不良を訴えられない利用者の場合は心身ともに疲れて不機嫌になり、行動問題につながる

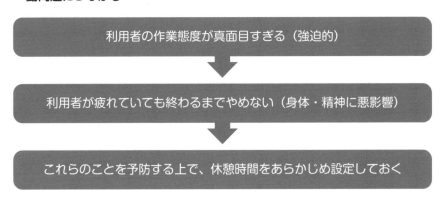

(4)「利用者の頻度の多い行動」を強化子に設定

　利用者によっては、1日に何度も同じ行動を繰り返す人がいます。例えば、活動中にもかかわらず、話好きで職員に繰り返し話しかけたり、頻繁に作業部屋をうろうろしたり、作業中にもかかわらずお絵描きをしたりする場合があります。このような頻繁に同じ行動を繰り返している利用者には、**プレマックの原理**を応用した方法をお勧めします。

　プレマックの原理とは、**「高頻度で起こる行動が低頻度で起こる行動の強化子になる」** というものです。以下に例を挙げて説明します。

　入所施設で生活する京子（仮名）さんは、クレヨンを使用したお絵描きが大好きでした。しかし、余暇時間だけではなく日中あらゆる活動場面でお絵描きを行なおうとするので、日中活動の遂行に支障をきたしていました。また、受注作業である段ボールの組み立てへのやる気が見られず、作業中にもかかわらずお絵描きをしてしまい、職員に注意されることも多々ありました。そこで職員は、お絵描きそのものを作業の強化子として設定し、段ボール組み立てを5つできたら、お絵描きを10分間できる約束をしました。その結果、京子さんの作業従事率が上がり、喜んで作業をする様子が見られるようになりました。

　この例で考えると、高頻度で起こる行動とは「京子さんが好きな活動であるお絵描き」です。一方、低頻度で起こる行動とは、「段ボールの組み立て」ということになります。すなわち、「お絵描きをすること」が「段ボールの組み立て」に対する強化子となり、「段ボールの組み立て」が強化されたということになります。

　この方法は他の行動でも応用可能です。例えば、頻繁に職員に話しかける利用者の場合には、「あと5つ作業が終わったらお話ししましょうね」と伝え、「達成できたら職員とお話しできる」ことで応用可能でしょう。ただし、高頻度で起こる行動がその利用者にとって好みの行動であることも重要なポイントであるため、利用者が強迫的（やむを得ず）に起こしているような行動の場合には、約束しても達成できない場合があります。

◉プレマックの原理

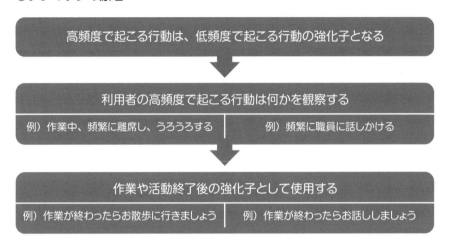

高頻度で起こる行動は、低頻度で起こる行動の強化子となる

利用者の高頻度で起こる行動は何かを観察する

例）作業中、頻繁に離席し、うろうろする ｜ 例）頻繁に職員に話しかける

作業や活動終了後の強化子として使用する

例）作業が終わったらお散歩に行きましょう ｜ 例）作業が終わったらお話ししましょう

◉作業に対する苦手意識が高まる例

段ボールの組み立てが苦手 → 段ボールを組み立てずに、お絵描きをする → 職員に注意される

◉お絵描きの約束を設定することで作業従事が高まる

段ボールの組み立てが5枚できたら、10分間お絵描きができる（約束） → 段ボールの組み立てを5枚達成する → 10分間お絵描きができる

(5) 食べ物や飲み物

　利用者の望ましい行動を強化する前提として、褒めことばや拍手などの社会的な強化子を使用することが重要です。なぜなら、褒めことばや拍手などは日常生活のあらゆる場面で使用することが可能ですし、何より準備しなくてもすぐに提供することができます。しかし、利用者の中には、何らかの原因で褒めことばなどの社会的な強化子の効果がすぐには発揮されない人もいます。そのような場合には、強化子として効果が高い、食べ物や飲み物を使用することも考えてもよいと思います。

　食べ物や飲み物を強化子とした効果は非常に強力です。食べ物や飲み物が嫌いな人（好き嫌いはあるかもしれませんが）はほとんどいません。ABAにおいて、**飲食物は一次性強化子と言われており、生命が生きていくための必需品であるため、強化子としての効力が非常に強力なのです。**ちなみにその他の一次性強化子には、恋愛や性的な刺激、暑さ寒さや痛みからの逃避回避などが挙げられます。

　確かに、施設では他の利用者と共同で生活するため、特定の利用者だけに飲食物を提供してしまうと他の利用者からも要求されてしまい、職員が提供しにくいという意見も聞かれます。そのため、他の利用者から見られないように別の部屋で提供するなどの工夫は必要でしょう。また、入所施設で生活されている利用者の多くは、地域で生活している利用者と比べて、どうしても**買い物などで好きな飲食物を買う機会も少なくなる**ため、職員側があえて飲食物を提供する機会を設定することも重要ではないかと考えます。

　利用者の1日に望ましい行動を増やしたい場合には、一度に多量の飲食物を一気に提供しないことがポイントです。そうすると一度の飲食物で満足してしまい、それ以上望ましい行動を強化する機会がなくなってしまうからです。飲食物を強化子として提供する場合には、望ましい行動1回につき、「チョコレート1片」「スナック菓子2、3個」「ジュース100ml（液体薬などに使用する小さな容器で提供）」など飲食物を小分けにして提供することがポイントです。ただし、トークン・エコノミーなどと併用する場合には、一度にスナッ

ク菓子1袋など、多量の飲食物を提供してもよいでしょう。また、飲食物を提供するタイミングは朝昼晩の食後を避けるようにしましょう。なぜなら利用者が満腹状態だと飲食物の強化子の効力が低減してしまうからです。

●食べ物や飲み物を強化子として利用する際の条件

前もって、利用者の飲食物の好みを調べておく。

他の利用者に配慮し、他利用者からは見えない場所で提供する。

糖尿の疑いがあるなどの利用者に対し、糖分の多いお菓子を使用する場合は、医師に相談する。

一度に大量のお菓子を提供せずに、望ましい行動をするたびに、少量を提供すると複数回強化する機会が得られる。

(6)「活動自体が楽しい」ということ

　その人の望ましい行動が、その後も繰り返されて持続するためには、強化子が行動の直後に提示されることが重要です。しかし、職員がいつでも長期間にわたって行動の直後に強化子を提示し続けることはほぼ不可能でしょう。そのため、ABAでは強化子を提供する頻度を徐々に少なくする方法を実施します。さらに、物質的な強化子とともに、拍手や褒めことばなどの社会的な強化子も同時に提示するようにし、物質的な強化子から社会的な強化子にスムーズに移行できるように支援する必要があります。また、その後、社会的な強化子も徐々にフェイドアウトし、**最終的には強化子がなくても、行動が持続するように**支援する必要があります。

　最も行動が持続する方法とは、その活動自体を利用者が楽しいと感じることです。すなわち、活動内容そのものが魅力的である場合には、第三者からわざわざ強化子を提供されなくてもよいということです。これは「行動内在性強化子」と呼ばれています。この行動内在性強化子を使用するメリットとは、職員が関わらなくてもその行動そのものが持続するということが挙げられます。それでは、行動そのものを楽しくするためにはどうすればよいのでしょうか。

　例えば、利用者が好みの活動を取り入れるということです。苦手な作業でも利用者が好きな活動を作業などに取り入れることによって、作業が持続しやすくなります。あるいは作業や活動に使用する道具を、利用者の好みのキャラクターにする方法もあります。また、その人の行動特徴や身体的特徴を職員がきちんと把握した上で、その人に合った作業や活動を用意することも大切です。そのことで作業や活動の負荷が低下し、利用者がスムーズに作業を実施できるのかもしれません。さらに、行動内在性強化子を使用すると、利用者が自ら進んで実施するようになりますので、職員からの指示がないと動けないというような「指示待ち行動」を防ぐことができるというメリットもあります。

　ただし他の強化子と同様に、活動そのものに飽きてしまうと、行動への動機付けが下がる可能性もありますので、活動内容について定期的に見直す必要はあるでしょう。

●行動内在性強化子

行動そのものが楽しいと感じると、行動が強化されなくても持続する。

●行動内在性強化子の条件

活動内容そのものが
楽しいこと

利用者の好みの活動
を実施すること

望ましい行動は強化するが、
その後徐々に強化を
少なくしていく

4 行動問題が起きたときのために

(1) 前もって考えるべきこと（危機対応について）

　利用者の行動問題が起きてしまったときのことを踏まえて、職員が前もってその対処法について考えておくことは重要です。ただし、これは事後的な対応ですので、**将来的に行動問題を減少させる方法ではありませんし、効果も一時的である**ことを覚えておいてください。しかしながら、とりわけ行動障害のある人への支援を始めたばかりのときには、その効果もまだ出ていない可能性がありますので、事後的な対応方法を使用する機会も多くなるかもしれません。

　1つ目は、**叩いたり怒鳴ったり、閉じ込めたりするなどの、罰に基づく利用者にとって嫌悪的な方法は使用してはいけません。**罰の使用は逆効果であることは前述した通りですし、何より倫理的にも問題があります。

　2つ目のポイントは、利用者の行動問題が起こった際の職員の役割をあらかじめ決めておくことです。どの職員が利用者に対処するのかを決めておくとともに、他の職員は他の利用者が当該利用者から被害に遭わないように避難させたり、当該利用者と距離を離したりするなどの対応を取らなければなりません。

　3つ目のポイントは、当該利用者が行動問題を起こしている場合に、「消去」の手続きで対応可能かどうかということです。消去を適用できる行動は、攻撃的・破壊的な行動ではなく、本人や周囲にとって被害が少ないような行動に限定するべきでしょう。もし、消去することで消去バーストが生じて、周囲に被害が生じることが想像できる場合には、本人を落ち着かせることができる別の部屋（クールダウンの部屋）をあらかじめ確保しておく必要があるでしょう。

　以上のことを、前もって支援計画を考える段階から、対処方法について検討しておき、なおかつ職員同士で共通理解を図っておく必要があります。なぜなら、このようなことを前もって決めずにその場だけの対応をしてしまうと、行動問題を悪化させてしまうだけではなく、本人や周囲の人や物への被害を生じさせてしまう可能性があるのです。

●行動問題が起きた直後に考えるべきこと

①罰に基づく方法は使用しない。

②職員の役割を前もって決めておく。

③消去の手続きで対応できるか検討する。

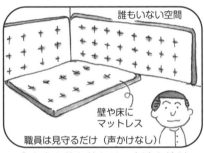

④本人を落ち着かせる方法を検討する。

●行動問題が悪化する前（前兆行動）の段階で対応する

┌ 行動問題が悪化する前 ┐
　（前兆行動）

・利用者を落ち着かせる方法
・この段階で対応できた方がよい

┌ 行動問題が悪化後 ┐

・緊急対応
・他利用者避難
・身体的抑制をせざるを得ない場合は、事前に許可をとっておく

（2）行動問題の強度と関わるタイミング

　利用者が大声をあげて泣き叫ぶなどの激しいかんしゃくを起こしている場合に、職員はどうすればよいのか途方に暮れてしまうこともあると思います。それに伴って、激しい行動（例：自傷、他害、物投げ、物壊し）などが付随すると、どのように対応してよいのか分からなくなります。

　職員がよくやってしまいがちな誤った対応としては、利用者が激しい行動問題を起こしたら、職員としては「すぐに止めなければ」と思い、利用者に「大丈夫？」などとなだめたり、強引に身体拘束を行なうことで利用者の行動を止めようと試みることです。しかし、そのような強引な方法を用いても利用者の行動問題は治まるどころか、ますます激しいものになってしまうでしょう。

　さらに、恐ろしいのはこれからで、職員が利用者をなだめたり、利用者を拘束するなどして行動問題を強引に止めようとした場合、将来的にますます行動問題が激しくなってしまうことが多いのです。しかし、当の職員は自分自身の対応に原因があるとは少しも思っておらず、その対応を継続してしまいます。

　それではなぜ、職員が激しい行動問題の直後に利用者をなだめたり強引な対応をしてしまうと、利用者の行動問題が激しくなってしまうのでしょうか？

　かんしゃくを伴った行動問題には強弱があり、職員はどうしてもかんしゃくが激しくなったタイミングで治めようとしますが、むしろ正しいのは利用者のかんしゃくが治まっているタイミングで対応することです。そうするとかんしゃくは徐々に減少していきます。すなわち、行動が弱まっているタイミングで対応すると、「利用者が落ち着いている状態の行動が強化される」ため、徐々にその行動が治まっていきます。

　反対に、利用者のかんしゃくが強くなっている×のタイミングで対応してしまうと、そのタイミングのかんしゃく行動が強化されてしまい、ますます行動問題が激しくなってしまいます。そのため、利用者の行動問題が激しいときには強引に対応したりせず、タイミングを見ながら対応する必要があるということです。

●かんしゃく行動への対応のタイミング

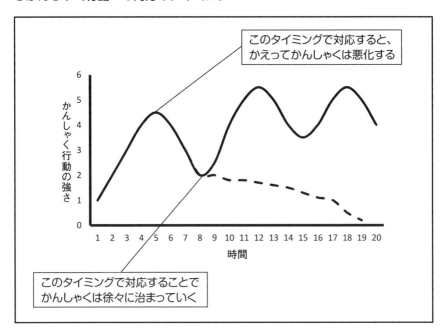

このタイミングで対応すると、かえってかんしゃくは悪化する

このタイミングで対応することでかんしゃくは徐々に治まっていく

●かんしゃく行動への対応の○と×

○

かんしゃく行動が弱くなっているタイミングで対応すると徐々に治まっていく。

×

かんしゃく行動が強くなっているタイミングで対応すると激しくなる。

（3）落ち着かせる方法（カームダウン）

　これまで、利用者の激しい行動問題への事後対応は、タイミングを見ながら、どの職員が対応するべきかをあらかじめ決めておくことが重要であることを解説してきました。次に必要なのは、職員が「どのように対処すれば利用者が落ち着いてもらえるか」を前もって検討しておかなければいけません。しかし、こればかりは各々の利用者によって対応も変わってきますので、正解と呼ばれる方法はありません。ただし、原則として、①利用者本人や他利用者に危害が及ばないこと、②利用者本人がなるべく拘束されないこと、③職員に危害が及ばないこと、が守られないといけません。

　しかし、利用者の激しい行動問題が前兆なく突然起こった場合には、職員もあわててしまい、いったいどのように対応すればよいのか分からなくなってしまいます。そのような場合には急を要するため、他の利用者に危害が及ばないように利用者本人を拘束せざるを得ない状況が出てくるかもしれません。しかし、拘束的な方法は限定的であるべきで、もしも激しい行動を起こす可能性がある利用者がいたとしたら、事前に利用者本人や家族から書面などで拘束に関する同意を得ておく必要があります。なぜなら、**理由のない利用者への拘束は虐待にあたる**からです。

　利用者を落ち着かせる方法は一般的に「深呼吸をすること」や「落ち着くまで 10 数えること」を教えるなど様々な方法があります。また、行動が激しい場合には、他の利用者が共同生活しているリビングルームなどではなく、刺激物が少ないクールダウンのための個室に誘導し、そこで行動が落ち着くまで職員は余計な声かけをせずに見守るという方法もあります。

　重要なことは、これらの方法を第一義的な手段にするべきではなく、あくまで「万が一行動問題が激しくなった場合の緊急対策」であることを常に念頭に置かなければならないということです。**これらの方法が頻繁に用いられている場合には、支援計画の修正が必要**でしょう。

●あらかじめ対処方法について考えておく

理由のない利用者への身体拘束は虐待となるため、やむを得ない事情がある場合にはあらかじめ本人や家族から書面で説明し、同意を得なければならない。

利用者に行動問題が起こったときのための対応方法について、あらかじめ決めておいて、職員同士で共通理解や役割分担をしておかなければならない。

●利用者を落ち着かせる方法

- 深呼吸することを教えておく（できれば前もって）
- 利用者が落ち着くまで数を数える
- クールダウンできる個室を準備し、そこに利用者を誘導し落ち着くまで見守る

（4）行動問題が減少しないときは支援を見直してみよう

　もしも行動支援計画のモニタリングの段階で、利用者の行動問題が減少していない場合には、支援計画の内容について見直し、再アセスメントする必要があります。特に、行動問題が起きた後の危機対応ばかりを頻繁に行なっている場合には、「事前の対応の工夫」や「代替行動、望ましい行動への支援」、あるいは「結果への支援」のいずれか、もしくは全てにおいて的外れである可能性があります。また、支援計画に至る前のアセスメントそのものが誤っている可能性も考えられますので、改めてアセスメントをやり直す必要があるでしょう。なぜなら利用者の行動問題の機能や環境条件などが誤っていた場合には、アセスメントから導き出された仮説に基づいて計画された支援計画も誤っている可能性が高いからです。支援計画の立案については、第5章において後述します。

　先述しましたが、危機対応はあくまで万が一のときの対応であり、他利用者や職員、利用者本人の被害を最小限に抑えるためのものです。この**危機対応を事前に考えておくことは非常に有用である**と言えます。なぜなら、このような危機対応を考えずに対処してしまうと、職員が対応を誤り、施設内の被害が多くなる可能性があります。さらに、利用者本人の行動問題が強化されてしまい、ますますその後の行動問題が激しくなってしまう可能性も高くなるでしょう。また、そのような状況になると、職員が利用者を無理やり拘束したり、大声で叫んで叱責したりするなど、利用者にとって嫌悪的な対応をしてしまいがちです。もちろんそれらの対応は決して支援と呼べるものではありません。そのため、危機対応はあくまで緊急時に用いられるべきでしょう。

　また、**効果が限定的である場合には、職員がチームで支援を実行できていない可能性**もあります。その場合の多くは、支援が一部の職員のみになってしまい、その結果、支援の効果がうまく発揮されていないことが多いのです。このようなことを避けるために、支援チームのリーダーがリーダーシップをとり、チーム全員が支援を達成できているか定期的にミーティングを実施して支援の実行性や効果性を高められるようにしましょう。

◉支援を続けても改善が見られない場合

> 支援開始後一定期間（1〜3ヵ月）経過後のモニタリングにおいて、「行動問題が減少しない」、または「望ましい行動が増加しない」場合

> 危機対応を繰り返し頻繁に使用している場合

> 再アセスメントを検討し、支援計画を練り直す必要がある

◉利用者支援に効果を上げるために

定期的にミーティングや書面で説明することによって支援の実効性を高める（ミーティングは必ずしも「場」を設定する必要はなく、立ち話程度でもよい。なぜならこれを繰り返すことで、支援への不安が減少していくからである）。

第4章

自立するために必要な
スキルを教える方法

1 望ましい行動を教えるということ

(1) 望ましい行動の支援の意義

　そもそも、「望ましい行動」とはどのような行動のことを言うのでしょうか？われわれは、「望ましい行動」と聞くと、人によっては「優等生が行なう行儀の良い行動のこと」あるいは、「周囲のお手本となる良い行動」などをイメージされるかもしれません。

　しかしここでは、望ましい行動とはそのような正しい人が行なう立派な行動として定義していません。望ましい行動とは、「**その場面や状況に適合した"対象者が行なうべきである"と周囲から求められている行動**」と定義することができます。すなわち、われわれ「職員側が望んでいる行動」なのです。

　それでは、具体的にどのような行動であるかを説明します。例えば、食事場面で、「同じテーブルを囲んでいる他利用者の食事を手づかみで盗む」という行動問題を示している利用者について考えます。その場合の望ましい行動とはその場面で対象者が行なうべき常識的な行動ですので、「食事場面でお箸やスプーンを使って自分に与えられた食事だけを食べる」となります。

　他にも、例えば「作業時間に職員の二の腕を歯型がつくほど強く噛む」という逃避の機能を果たしている行動問題について考えます。この場合の望ましい行動とは、本来その場面で行なうべき常識的な行動ですので、「作業時間に職員から指示された作業に従事する」ということになります。

　利用者が「望ましい行動をどの程度実行することができるか」は、将来的にその利用者を自立に向けて支援する上で、重要な指標となります。これは適応機能（適応スキル）とも通じるところがあります。特に、利用者が重度の知的障害を伴っている場合には、その利用者のもつ望ましい行動のレパートリーが乏しい可能性があります。そのため、対象利用者の望ましい行動を増やすことによって、利用者の自立への道筋を明確にしなければなりません。

◉望ましい行動とは？

・その場面や状況に適合した"対象者が行なうべきである"と周囲から求められている行動

・場面や状況に合った行動であり、「周囲の人が望んでいる行動」とも言える

◉行動問題と望ましい行動との関係の例

〈行動問題〉
同じテーブルを囲んでいる他利用者の食事を手づかみで盗む

《望ましい行動》
食事場面でお箸やスプーンを使って自分に与えられた食事だけを食べる

〈行動問題〉
作業時間に職員の二の腕を歯型がつくほど強く噛む

《望ましい行動》
作業時間に職員から指示された作業に従事する

（2） 望ましい行動を増やせば行動問題も減る

　行動問題に対して直接アプローチをしなくても行動問題を軽減することは可能です。それは利用者の望ましい行動を増やすことです。なぜなら**望ましい行動を利用者に教えることによって、反比例して行動問題が軽減する**ためです。

　行動問題が軽減する理由として、行動問題を起こしている利用者の多くは、望ましい行動のレパートリーをもっていないことが多いため、行動問題という不適切な形態で行動してしまい、結果的に行動問題を学習してしまっていることが多いのです。

　望ましい行動のレパートリーとは、「望ましい行動（適応スキル）をどれだけ（の種類）もっているのか」とも言い換えることができます。すなわち、行動問題を頻繁に示す人は、日常生活や社会生活に適応するために必要なスキルを獲得していないことが多いのです。特に、重度の知的障害者の中には適切に行動するためのレパートリーが少ないことが見受けられます。そのような利用者に対して、「知的障害があるから教えても意味がない」、あるいは「教えてもどうせ覚えられない」と周囲の人があきらめてしまって正しい方法を教えられてこなかったことが、彼らが望ましい行動を獲得していない理由の１つかもしれません。あるいは、教えようと試みたにもかかわらず、利用者本人が習得するのに時間がかかった、もしくは、教える方法が分からなかったのかもしれません。しかし、彼らは望ましい行動を覚えることができないのではありません。**教え方にコツが必要**なのです。どんな重度の障害者でも**成長できる可能性**を信じて、われわれは支援しなければなりません。

　教え方のポイントとしては２つ挙げられます。まずは**行動問題が起こっている場面**で、本来どのような望ましい行動をするべきかを定義し、その場面において教えることです。たとえ、望ましい行動と言っても、本来使用することがない全く異なる場面で教えても、使用することがないし、本人も褒められる機会が少なくなり学習する機会もなくなって、せっかく覚えたスキルも利用者は忘れていくことでしょう。

　２つ目は、ABA に基づく支援技法を使用して、望ましい行動を教えること

です。プロンプト・フェイディングやシェイピング、課題分析、トークン・エコノミーなどの技法の中から選んだり組み合わせて、望ましい行動を利用者に教えることができます。各技法の詳細については後述します。

●望ましい行動を増やすと相対的に行動問題が減少する（イメージ）

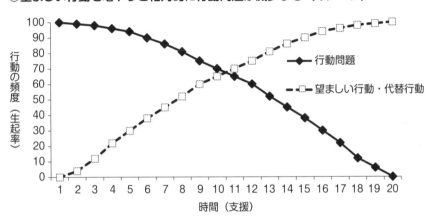

●いずれの利用者も成長する可能性を秘めている

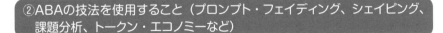

重度の障害者でも成長する可能性を秘めているため、望ましい行動を支援することが必要（しかし教え方にはポイントがある）

①対象利用者の行動問題が起こりやすい場面で、望ましい行動を教えること

②ABAの技法を使用すること（プロンプト・フェイディング、シェイピング、課題分析、トークン・エコノミーなど）

（3）その人の望ましい行動と代替行動の違いは何か？

　望ましい行動と代替行動との違いが分かりにくいという意見をよく聞きます。それぞれの違いについて説明します。

　まずは代替行動についてですが、行動問題と機能が同じであることが前提となります。また、行動問題をコミュニケーションとして捉えたとしたら、行動問題ではなく、周囲に迷惑をかけないような正しいコミュニケーション方法を教えなければなりません。「機能は行動問題と同じだが、周囲から見て正しいコミュニケーション」が代替行動なのです。

　しかし、**代替行動の場合は、その場面や文脈に合った行動とは必ずしも限らないところが欠点**となります。

　例えば、「授業中にクラスメイトの注目を獲得する目的で、クラスメイトに消しゴムを投げる生徒がいた」とします。この場合に代替行動を考えたとしたら、同じ機能を果している正しいコミュニケーション行動ですから、話しことばで「〇〇さん、こっちを見てください」などが挙げられます。しかし、本来であれば授業中に「〇〇さん、こっちを見てください」と繰り返し言うことは、場面に合った行動とは言えません。そのため、本来その場面で求められる「望ましい行動」を最終的に教える必要があるのです。ちなみにこの場面における望ましい行動は、「授業中に先生の指示に従い課題に従事する」あるいは「授業中に先生に注目する」などが挙げられます。

　もしも、代替行動と望ましい行動の使い分けを考えるとしたら、利用者の行動問題の減少へのニーズが大きい場合には、代替行動の形成による支援を優先した方がよいでしょう。さらに、本来できる適応行動のレパートリーが少なく、利用者が望ましい行動の獲得に時間がかかるようであればすぐに形成可能な代替行動を教えることにより、相対的に行動問題を減らしてから望ましい行動の形成を行なうべきです。

　一方、その利用者が、ある程度の適応スキルを身につけており、望ましい行動の獲得が容易であることが予想される場合には、代替行動ではなく、直接、望ましい行動への強化を優先した方がよいでしょう。

◉行動問題と代替行動、および望ましい行動の違い

	行動問題	代替行動	望ましい行動
場面や文脈	場面や文脈に合っていないことが多い	必ずしも、場面や文脈に合っているとは限らない	場面や文脈に合った行動である
コミュニケーションの形態	（感覚機能を除いて）コミュニケーションの形態である	コミュニケーションの形態である	必ずしも他者とのコミュニケーションの機能を有しない
行動の型（どのような方法で行動するのか）	周囲の人に受け入れられない行動の型	周囲の人に受け入れられる行動の型だが、場面に合っていないこともあるため違和感がある	周囲の人に受け入れられる行動の型で違和感もない

◉行動問題への支援の選択

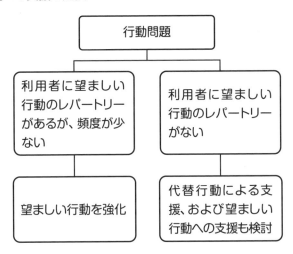

（4）その人に望ましい行動があるか調べる方法

　その利用者が、望ましい行動をどの程度できるのかは、実際に求められている場面で利用者が望ましい行動を行なっているかどうかを観察します。あるいは利用者に実際に指示してできるかどうか試してみる必要があります。

　事業所では、障害者の自立に向けて支援を行なっています。また、そのために個別支援計画を立案しますので、利用者に対してどのような望ましい行動（適応スキル）が必要かは、職員が前もって把握しておかなければなりません。

　「利用者にどのような望ましい行動を教える必要があるか」については、その利用者の将来の目標や夢をどこにもっていくかによります。例えば、将来は入所施設ではなく「地域などで自分が住みたい場所で生活する」ことを目標としたら、地域生活のために必要なスキルが求められることになります。一方、たとえ障害の程度が最重度で地域生活が困難であり入所施設で支援が必要な状況であっても、利用者をある程度まで自立できる方向に支援をもっていく必要はあるでしょう。

　利用者が望ましい行動をどの程度できるかが明らかではない場合には、家族などの関係者に聞き取りをするか、これまで通っていた学校の教員や以前利用していた施設職員に聞き取りをする必要があるでしょう。

　あるいは、その人がどれだけ適応スキルをもっているのかを調べる評価尺度もあります。それは Vineland-Ⅱ（日本版適応行動評価尺度第2版）です。この尺度は、家族や施設関係職員などの本人のことをよく知っている関係者に面接の形式で聞き取りをすることによって、その人の適応スキルを把握するものです。この尺度は5領域（コミュニケーション、日常生活スキル、社会性、運動スキル、不適応行動）で構成されており、それぞれの領域ごとに下位領域が存在します。不適応行動領域を除いた4つの領域から適応行動総合点を導き出し、それぞれの適応水準が同年齢の集団と比較して低いかどうかが明らかとなります。また4つの領域とは別に、対象者の不適応行動に関しても評価することができます。

◉望ましい行動ができるかどうかを調べるためには

①実際に利用者を観察して、望ましい行動ができるかどうかを記録する

②観察しても、望ましい行動をしていなかったら、実際に指示をしてできるかどうかを見る

③家族や関係者などその利用者のことをよく知っている人に聞き取りをする（Vineland-Ⅱなどの尺度を使用するとよい）

◉Vineland-Ⅱ（日本版適応行動評価尺度第2版）について

・1対1の面接方式（半構造化面接による聞き取り）

・対象年齢：0〜92歳まで

・所要時間：約60分

・方法：対象者のことをよく知っている人（保護者や教員、支援者など）に対する聞き取り

・適応行動総合点によって、全体的な発達の水準が分かる

・領域は、コミュニケーション領域、日常生活スキル領域、社会性領域、運動スキル領域に加えて、不適切行動も評価

2 望ましい行動へのヒントの与え方 (プロンプト・フェイディング)

(1) プロンプト・フェイディング

　利用者が望ましい行動を起こしやすいように、職員側がきっかけを与えたり、行動への刺激やヒントを出したりすることを総じてプロンプトと言います。実際に利用者の身体に直接触りながら行なうプロンプト（身体的プロンプトやガイダンス）や、職員がやっていることを利用者に真似してもらう（モデリング）、話しことばによるプロンプト（言語プロンプト）、対象物を直接指さしする（指さしプロンプト）、あるいは写真や記号、動画によるもの（視覚的プロンプト）などがあり、プロンプトの形態は様々です。

　プロンプトを行なう際に職員側が注意しなければならないのは、たとえ利用者を支援しなければならないとしても、プロンプトを利用者に過剰に与えすぎないことです。なぜなら、利用者にプロンプトを与えすぎてしまうと、利用者はそのプロンプトに頼ってしまい、**プロンプト無しでは行動できなくなってしまう可能性**が出てきます。これを**プロンプト依存**と言います。そのため、**職員は「いかに利用者にプロンプトを与えないで、利用者が独力で望ましい行動をすることができるのか」**を常に考えなければなりません。プロンプトは少なければ少ないほどよいのです。これを**最小プロンプトの原則**と言います。利用者の目標は、自立した社会生活ですから、職員が過剰なプロンプトを与えてしまうと、いつまでも自立を達成することができません。

　施設職員が犯す間違いの1つに、利用者に望ましい行動をしてもらうためには、職員が過剰に声かけをしたり、手助けをしたりすることが重要であると考えていることです。しかし、そのことによって利用者がプロンプト依存してしまい、結果的に利用者の自立が阻まれていることに職員は気づいていないのです。もちろん、利用者が望ましい行動を覚える最初の段階では、最低限プロンプトは必要かもしれません。しかし、そこから徐々にプロンプトの頻度を少なくし、また、プロンプトの大きさを小さくするようにしていくことが求められます。これをプロンプト・フェイディングと呼びます。

●プロンプトの種類

身体的プロンプト
（大きいプロンプト）

モデリング（模倣）
（やや大きいプロンプト）

指さし（身振り）プロンプト
（やや小さいプロンプト）

言語プロンプト
（小さいプロンプト）

●最小プロンプトの原則

利用者の望ましい行動が起こるようにプロンプト

↓

利用者の望ましい行動が起こったら強化

↓

プロンプトの頻度を少なくしたり、プロンプトの大きさを小さくする

（2）身体的プロンプト

　前述したように、プロンプトとは利用者に行動してもらうきっかけとなる刺激やヒントのことを言います。プロンプトの中でも**最も大きな刺激やヒントとなるのが、利用者の身体に直接触りながら行動を導く身体的プロンプト**です。

　例えば、利用者が職員の言語指示だけではどこに行けばよいのか分からなかった場合、職員が利用者の手を引っ張って連れて行ったり、箸の持ち方を教えるために利用者の手を直接触りながら教えたりする方法を言います。このような利用者の身体に直接触るプロンプトは、言語プロンプトや指さしプロンプトだけでは利用者の行動が起こりにくい場合や、利用者にとって複雑すぎる行動を教える際に向いています。また、重度の知的障害がある利用者に対しては、身体的プロンプトを頻繁に使用する機会が増えるでしょう。

　職員が身体的プロンプトを使用するにあたって頭に入れておかなければならないことの１つに、利用者が行動するためのヒントや刺激が非常に大きいということです。このことは利用者の行動が起こりやすいという意味では非常に有用ですが、大きすぎるヒントであるため、利用者がそのヒントに頼ってしまい、「職員に手伝ってもらいたい」、あるいは「職員に手伝ってもらった方が楽だ」などと依存する可能性が高くなります。いわゆるプロンプト依存に陥ってしまい、職員のプロンプト無しでは行動できないというリスクが生じてしまいます。そのため身体的プロンプトは、最初の段階から徐々に減らしていくことも検討しなければなりません。

　身体的プロンプトのコツは、利用者の体にしっかりと握るように触るのではなく、行動のきっかけとして少しだけ背中を押したり、**利用者の身体に少しだけ触ること**がポイントです。さらに、正面からプロンプトすると利用者の視界から見えてしまい、プロンプト依存になりやすいでしょう。そのため、利用者の背後から、まるで**歌舞伎やお芝居における黒子のように**プロンプトすることを心がけましょう。また、非常にヒントの大きい身体的プロンプトをした後は、利用者も強制的にやらされてしまったという感覚が強く残ってしまい、職員に嫌悪的な感情を抱く可能性がありますので、しっかりと褒めるようにしてください。

●身体的プロンプトの例

食事のときに後ろから手を持って支える。

座り込んだ利用者が立ち上がれるように、後ろから腰のあたりを少し押す。

●身体的プロンプトの注意点

プロンプト依存になりやすいことを考慮に入れ、フェイディングするタイミングを頭に入れておく。

身体プロンプトは利用者の行動を強制することになるので、望ましい行動ができたら、必ず強化するようにする。

(3) モデリング

　モデリングとは、他者の行動を模倣（真似）して学習することを言います。このモデリングによって学習する上で利用者に必要な能力は、他者の行動を注目しながら真似することができるかどうかです。他者への注目が難しい場合には、利用者がモデリングにより習得することは難しいでしょう。

　また、モデリングはあまり複雑すぎる行動の習得には向いていません。もし行動が複雑すぎる場合には、利用者がその行動を模倣することが困難となるからです。モデリングによる行動の習得は、重度の利用者の場合には単一の行動や2段階までの行動（例：茶碗を持って箸でご飯を食べるなど）に限定した方がよいかもしれません。

　モデリングによるプロンプトの手続きは、**まず利用者が職員に注目するように指示**してから、モデルとなる行動を示してください。職員の行動に利用者を注目させることが何より重要です。なぜなら、モデリング手続きがうまくいかない職員の多くは、モデルとなる職員の行動に対して、利用者をきちんと注目させないでモデルを示してしまっていることが多いからです。

　次に職員がモデルを示したら利用者に実際にやってもらうように指示してください。ただし、指示なしでも、直後に利用者の模倣行動が起こったのであれば、職員による指示は必要ありません。

　もしも利用者が正確に行動できないのであれば、職員はもう一度モデルを示すようにします。さらに合計3回職員がお手本を示しても利用者が行動を模倣することができない様子であれば、職員によるモデルをより単純にするか、もしくは別のプロンプトを用いるようにしましょう。また。利用者が正確に模倣することができたのであれば、その利用者を褒めるなどして、望ましい行動を強化することを忘れないようにしましょう。

●**モデリングがその利用者にプロンプトとして機能する条件**

・その利用者の注目を引くこと

・その利用者が動作模倣をできるということ

●**モデリングの手順**

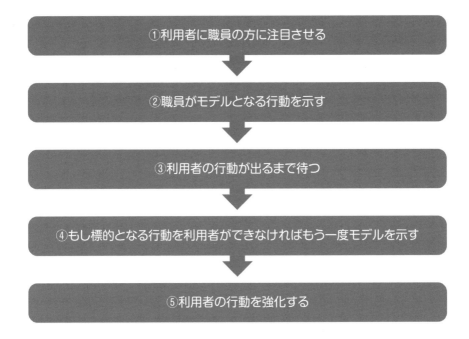

①利用者に職員の方に注目させる

②職員がモデルとなる行動を示す

③利用者の行動が出るまで待つ

④もし標的となる行動を利用者ができなければもう一度モデルを示す

⑤利用者の行動を強化する

（4）指さしプロンプト

　指さしプロンプトは、職員の指さしにより利用者の行動を促す方法です。例えば、職員が利用者に特定の場所に行くように指示する際に使用したり、利用者に特定の物の操作を指示する場合、あるいは利用者に特定の行動を促す場合などに用いられます。

　職員が指さしプロンプトを使用する上で重要なことは、**職員の指さしに対して、利用者を注目させること**です。当然ですが、利用者が見ていないときに指さしを行なっても、利用者にとっては何のヒントにもなりません。そのため、職員は利用者が職員の方を見ているときに指さしすることが重要となってきます。

　もし、指さしを行なっても利用者の行動が起こらない場合には、指さしをしながら繰り返し対象物を「トントン」などと叩くなどして音を出したり、再度指さしを繰り返したりすることで、指さしプロンプトを強調することができるでしょう。

　それでも、利用者の望ましい行動が起こらない場合には、言語プロンプトを同時に用いるか、身体プロンプトなどの他のプロンプトを使用するようにしましょう。

　指さしプロンプトは、場合によって言語プロンプトと**同時に**用いられることもあります。すなわち、指さしプロンプトだけでは利用者が何をすればよいのか分からない場合に、言語プロンプトを同時に併用するようにします。反対に、言語プロンプトだけでは利用者の行動が起こりにくい場合などに指さしプロンプトと併用することもあります。指さしプロンプトのみを用いる場合には、直後の行動を促す刺激として用いられることが多いでしょう。すなわち、職員による言語プロンプトによっても利用者の行動が起こらない、あるいは時間がかかる場合に、指さしプロンプトを併用します。

◉指さしプロンプトの例

利用者の横に立ち対象物を
指さしする

対象物に対して、
直接触ってプロンプトする

◉指さしプロンプトと言語プロンプトを併用する場合のフェイディング

指さしプロンプトと言語プロンプトを併用

利用者の望ましい行動が起こるようになったら、どちらかのプロンプトをフェイディングする（言語プロンプトを先にフェイディングした方がよいかもしれない）

次に、もう1つのプロンプトもフェイディングし、プロンプトなしで望ましい行動が起こるようにする

(5) 話しことばによるプロンプト（言語プロンプト）

　利用者の望ましい行動を促すために、職員の話しことば（音声）によってプロンプトすることを言語プロンプトと言います。言語プロンプトは、おそらく日々の施設支援の中で最も使用されるプロンプトであると考えられます。言語プロンプトの最も有用なところは職員の労力がとても少ないことです。例えば、身体プロンプトや指さしプロンプトなどは、職員が利用者のそばに行くか利用者の体に直接触ることによってプロンプトをしなければならず、その分だけ職員や利用者の労力も大きくなります。それと比べて言語プロンプトは利用者の身体に触れる必要もなく必ずしも近くに行く必要もないので、職員や利用者の労力が少なく、また職員が好きなタイミングでプロンプトできることに利点があります。

　しかし職員の労力が少ないということは、言い換えれば職員が頻繁にプロンプトできてしまうという事態になりやすく、**自ずと職員のプロンプトそのものの頻度が上がってしまう**可能性があることは認識しておかなければなりません。一方の利用者も、**職員の言語プロンプトを待ってしまったり、慣れてしまったりする可能性**が高くなります。そのことは以下のようなリスクをはらんでいます。

　1つ目のリスクは、利用者がプロンプト依存に陥りやすいということです。つまり、言語プロンプトをされるまで利用者が待ってしまい、言語プロンプトをするまで利用者が指示に従ってくれません。さらに、言語プロンプトをしても利用者が指示に従わなかった場合には、「指示に従わずに行なっている行動」が強化されてしまい、結局何度も職員が指示をしなければならない事態になってしまいます。そうなると職員は前回よりも強い指示になってしまうかもしれません。

　2つ目のリスクは、「職員の注目獲得や逃避の機能を有する行動問題」を強化してしまう可能性を秘めているのです。例えば、指示という名の言語プロンプトは利用者によっては嫌な刺激である可能性が高く、それを繰り返すことによって逃避の機能を有する行動問題の引き金になる可能性を秘めています。そ

のため、3回指示しても利用者が望ましい行動をできない場合には、職員の指示の仕方が悪いと思って、他のプロンプトを検討するようにしましょう。

　言語プロンプトをするときのポイントは、利用者にとって分かりやすい指示であること、簡潔であり複雑すぎないこと、具体的であること、繰り返し何度も指示しないことが求められます。

●言語プロンプトのポイント

- ・利用者への指示は端的に行なう（職員のことばの量が多すぎると利用者が行動できないため）

- ・言語プロンプトそのもののヒントの大きさも減らすことを考える（例：「ちょう（だい）?」「何をする時間ですか?」など）

- ・指示は2段階まで（○○に行って、××を持ってきてください）

- ・利用者が望ましい行動をできると分かっているときには言語プロンプトを使用し、できないと思われるときにはより大きいプロンプト（身体プロンプトや指さしプロンプトなど）から使用する

●言語プロンプトのリスクと注意点

言語プロンプトは、利用者だけではなく職員も依存してしまう可能性がある。

注目機能の行動問題を強化したり、逃避機能の行動問題の引き金になる可能性がある。

(6) 絵や写真、文字によるプロンプト

　絵や写真を用いたプロンプトは、われわれの日常生活の中にあふれています。例えば、道路標識や車を運転するときに目的地まで案内してくれるカーナビ、あるいはトイレの男女のマークなどもその1つです。すなわち、われわれの生活の中で最も自然な形で存在しているプロンプトと言えます。

　また、これらのプロンプトは周囲の人から利用者に直接提供されるものではありませんので、プロンプト依存になりにくく、このプロンプトを使用することで利用者の自発的な行動や自立を促す上で重要なプロンプトであるといえるでしょう。ASD者への絵や写真を用いたプロンプトの中で、比較的よく使用されているものの1つに、スケジュールを挙げることができます。

　これらの視覚的なプロンプトは、例えば、行く場所が分からないときに矢印などで目的の場所の方向を示すことによって、利用者が目的の場所まで迷わずにたどり着くことができます。他にも、作業を行なっているときに絵や写真などでその手順を伝えるなどの方法があります。また、脱いだ靴を並べて置く場所に、靴型の写真を貼っておくことで、利用者が手助けなしに靴を置くこともできるようになります。

　なぜ、ASD者にこれらの視覚的なプロンプトが有効であるかというと、耳から入る聴覚刺激（いわゆる人の声による指示や刺激）を理解しにくいことが挙げられます。また、われわれも同じですが視覚的な刺激の方が音声よりもイメージしやすいことも理由の1つです。そのため、言語プロンプトに利用者が依存してしまい、望ましい行動が起こりにくい場合には、写真や絵、記号などによる視覚的プロンプトを用いることも考えなければなりません。

　絵や写真を用いたプロンプトの例として、1日の予定を示した活動スケジュールの他に月や週間の予定を示したカレンダーや、「作業や日課、料理などの手順を写真や文字で説明する（課題分析表）」「目的の場所を示す案内図」「他者の気持ちを絵で描くことで説明する」「社会のルールを絵で説明する」など、音声指示によって理解が難しいようなルールまで視覚化することで利用者の理解が容易になります。

●絵や写真によるプロンプトの例

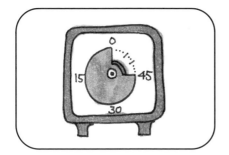

タイムタイマー

スケジュール

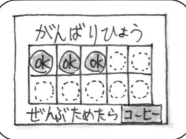

トークンエコノミー用の
トークンの台紙

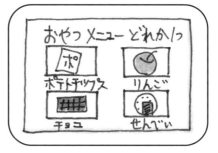

写真による選択肢

物を置く場所の手がかり

作業手順表（課題分析表）

(7) プロンプトの大きさ

　それぞれのプロンプトにはヒントとなる刺激の大きさがあり、プロンプトの種類や職員の裁量などによって変化します。利用者が自立するためには、望ましい行動への職員のプロンプトの頻度は少なければ少ないほどよく、刺激の大きさもなるべく小さい方がよいのです。最終的には、**職員のプロンプトなしで利用者の望ましい行動が起こるようになること**を目指さなければなりません。このことは職員が常に頭に入れておくべきでしょう。さらに、職員はプロンプトをすることだけが役割ではありません。利用者が自分で望ましい行動ができるように側面的にサポートすることが重要なのです。そのために職員は利用者が望ましい行動をするためには、**必要最小限のプロンプト**でよいのです。

　プロンプトの刺激の大きさは、大きい方から順に身体的プロンプト、モデリング、指さしや身振りプロンプト、言語プロンプトの順番になります。これらのプロンプトは「利用者が自分で望ましい行動をどの程度できるか」や、望ましい行動の難易度などによって使い分ける必要があります。

　どの種類のプロンプトを用いるのかは、利用者にとっての望ましい行動への難易度により変わっていきます。そのためその人が知的障害の重症度が大きく、獲得している行動が少なく、はじめて望ましい行動を教える場合には、最初から大きいプロンプト（すなわち、身体的プロンプトやモデリング）から使用するようにします。その後、利用者が徐々に望ましい行動をできるようになったら、プロンプトの大きさを小さくしていき、プロンプトの頻度も少なくしていきます。

　反対に、職員が「利用者がある程度その望ましい行動をできていると分かっている場合」「知的障害の重症度が小さい」「獲得している望ましい行動が比較的多い場合」には、最初から大きいプロンプトは使用せず、小さいプロンプト（すなわち、言語プロンプトや指さしプロンプト）から使用するようにします。もしも、小さなプロンプトでも望ましい行動ができない場合には、プロンプトの大きさや頻度を大きくします（すなわち、指さしなどのプロンプトも同時に行なうようにします）。

◉利用者にとって、その望ましい行動が難しいと思われる場合

> プロンプトの刺激が多い身体プロンプトから使用（必要に応じてモデリング、指さしプロンプト、言語プロンプトも合わせて使用）

> 利用者が望ましい行動を徐々にできるようになってきたら、徐々に刺激の少ないプロンプトに移行する（さらに、その頻度も少なくしていく）

> 職員からのプロンプトを少なくし、プロンプト無しで望ましい行動が達成できるようにフェイドアウトする（あるいは、絵や写真プロンプトに移行していく）

◉利用者がその望ましい行動をしたことがある（できると推測される）場合

> 利用者が望ましい行動が出るまで待ち（5〜10秒）、望ましい行動が出なかったら必要最小限のプロンプト（言語プロンプトや指さしプロンプトなど）を行なう

> プロンプトをしても、望ましい行動をすることができなかったら、モデリングや身体プロンプトなどのさらに刺激が大きいプロンプトを使用する

> 次からも常にプロンプトの刺激や頻度を必要最小限にするように心がける

(8) プロンプトのタイミングと遅延

　利用者が望ましい行動ができるように、プロンプトをするタイミングが重要となります。利用者がはじめから大きいプロンプトを使用しないと望ましい行動ができないと分かっている場合には、最初から大きいプロンプトを使用してもよいでしょう。

　しかし、利用者が以前望ましい行動をした経験がある、あるいはできる可能性が高い場合には、職員が最初からいきなりプロンプトをしてしまうと、もし職員がプロンプトしていなくても望ましい行動を達成できた可能性が残るため、余計なプロンプトを与えることになってしまいます。これでは、望ましい行動を利用者自身ができることを邪魔していることになりかねません。そこで、「プロンプトする前に利用者の行動を少しだけ待つ」方法（遅延プロンプト）を実施します。すなわち、**利用者自らが望ましい行動をするまで職員はしばらく待つ**という方法です。

　なぜなら、利用者によっては、職員が指示をしてから実際に行動に移すまでに時間がかかる人も少なくありません。そのため、あらかじめ、その利用者が「職員が指示をしてから行動を開始する」までどのくらい時間がかかるのかを観察して把握しておきましょう。もし職員が利用者へ指示してから行動し始めるまでの時間がどのくらいか分かれば、わざわざ職員がプロンプトをしなくても、その時間だけ待てば利用者は自分から行動することになります。

　例えば、「利用者に指示をしてから5秒程度待てば、その利用者が行動する」ことが前もって明らかとなっているのであれば、職員はプロンプトする前に5秒だけ待てばよいということになります。それでも利用者が行動しない場合にはじめて利用者にプロンプトすればよいのです。そのため、職員は利用者が**自分から**行動を開始するように「待つ」ということを心がけるようにしましょう。

　しかし、もし利用者が職員からのプロンプトに頼り過ぎている（プロンプト依存）場合には、職員によるプロンプトをいつまでたっても待ってしまうという事態になりやすく、かえって逆効果になる場合がありますので、その場合は、利用者の行動を待たずに最初からプロンプトをした方がよいかもしれません。

●職員からの指示などのきっかけから、行動が始まるまでの時間は利用者に
　よって変わるため、その利用者の行動を始めるまでの時間を把握しておく

職員が行動の指示後しばらく待つ。

数秒
経過

数秒経過後、利用者が行動しなかっ
たとき、はじめてプロンプトする。

●遅延プロンプト

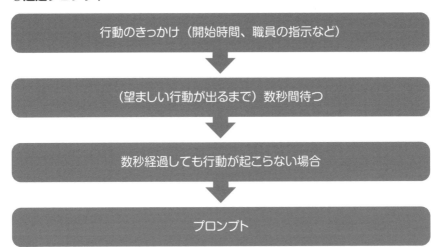

行動のきっかけ（開始時間、職員の指示など）

（望ましい行動が出るまで）数秒間待つ

数秒経過しても行動が起こらない場合

プロンプト

3 徐々に目標の望ましい行動に近づける方法（シェイピング）

（1）スモールステップ

　利用者に対して、どうしても難しい行動やはじめての行動を教えなければならない場合があります。そのような場合、利用者にとって難しい行動をいきなり教えようとしても達成することはできないでしょう。それだけではなく、できないことで職員や教えられる利用者もイライラします。最悪の場合には行動問題に発展することもあるかもしれません。

　職員が利用者に望ましい行動を教えるときに、いきなりその行動の達成が難しいと考えられる場合、**目標の行動に徐々に近づけていく**という方法をとります。これを**シェイピング**（shaping：形成する、形作るの意）と言います。シェイピングは、望ましい行動の達成が難しい場合に、いきなり目標の行動ができるように教えるのではなく、**利用者ができる現状の行動から始めます**。その後、徐々に少しずつ目標の行動に近づけていくという考え方です。この考え方を**スモールステップ**と言います。

　つまり、いきなり難しいことを求めるのではなく、少しずつ一歩一歩着実に（スモール）階段を上るように行動を形成していこう（ステップ）ということです。その具体的な手続きとは、**利用者が今できる行動よりも少しだけ難しい行動を教えて、強化する**ことになります。

　シェイピングで大切なことは、職員があわてず、利用者のペースに合わせて教えることです。なぜなら利用者にとって難易度が高すぎる行動を求められた場合、利用者がイライラしてしまい感情的になり行動問題が起こってしまうかもしれません。そのため、利用者が少しずつゆっくりと着実にできるようになる必要があります。

　そのため、ステップを登るだけではなく、難しすぎると感じた場合には、前のステップに戻るということも必要です。スモールステップの考え方とは、利用者の「**今できている行動を認める**」ということなのです。

◉スモールステップとは？

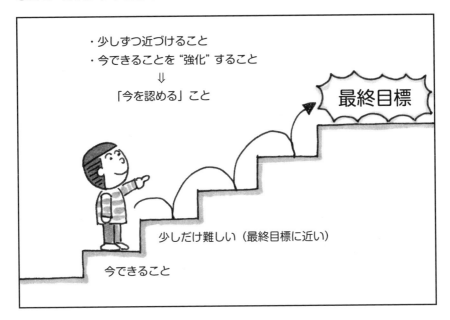

・少しずつ近づけること
・今できることを"強化"すること
⇩
「今を認める」こと

最終目標

少しだけ難しい（最終目標に近い）

今できること

◉スモールステップの考え方

・望ましい行動の達成が難しい場合は、徐々に近づけていく

・職員は、現在利用者がどの程度行動をできるのかを把握する

・望ましい行動に近い行動ができたら強化する

・スモールステップとは、「今を認める」ということである

（2）分化強化

　シェイピングによる手続きで、前提となる重要な考え方が**分化強化**です。分化強化とはその名の通り、標的となる望ましい行動と他の行動を分けて強化することです。つまり、**標的となる行動を強化して、他の行動は強化しない（多くの場合は消去）**という方法をとります。分化強化には様々な種類がありますが、シェイピングにおける手続きの中心は、望ましい行動に近い行動のみを強化し、それ以外の行動を強化しない方法です。

　シェイピングの手続きは、利用者の望ましい行動を定義し、必要に応じて利用者の望ましい行動をプロンプトして、利用者が望ましい行動に対して強化し、それ以外の行動は強化しないようにします。しかし、シェイピングにおける分化強化の目標は、あくまでも利用者が「現在することができない望ましい行動」の形成です。もしも利用者が現在少しでも望ましい行動ができているのであれば、単純にその望ましい行動を強化することによって望ましい行動の頻度を高める手続きをとった方がよいでしょう。以下に、シェイピング（近似行動への分化強化）の手続きについて記します。

　はじめに決めることは、「利用者に形成するべき望ましい行動とは何なのか」ということです。そのため、最終的な目標となる望ましい行動の定義が必要になってきます。最終目標である望ましい行動を決定したら、現在利用者が望ましい行動をどの程度できているかを、利用者の行動観察をし、その記録をとることによって把握します。観察した結果、利用者がどの程度望ましい行動が職員のプロンプトなしで、自分でできるのかを把握します。

　その後、望ましい行動を達成するまでのステップを記載します。利用者によってはいきなり望ましい行動の形成が難しい場合が少なくありません。その場合に、いきなり望ましい行動の達成を目指すのではなく、現在できている望ましい行動に似ている行動（近似行動）から強化する必要があります。また、その近似行動のみ強化して、それ以外の行動は強化しないようにします（分化強化）。

●分化強化の手続き

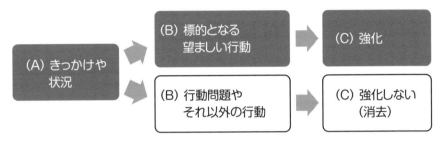

●シェイピング手続き

①最終目標である望ましい行動に少しでも近い行動を強化（プロンプトなしで持続的にできることを目標）

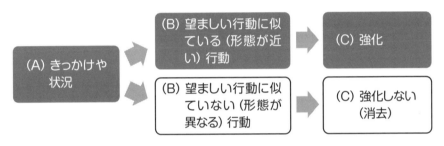

②前回よりもさらに最終目標の望ましい行動に近い行動だけを強化

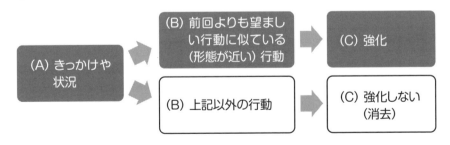

(3) シェイピングのステップ

　前述したように、シェイピングのポイントは、利用者が現在できる行動から徐々に最終目標である望ましい行動に近づけていくことです。そのため、利用者が現在できる行動を観察・把握し、そこから「**どのようなステップを経れば最終的な望ましい行動まで形成できるのか**」を考える必要があります。

　どのようなステップが必要かについては右図の例を参照してください。その利用者がどのようなステップを設定すればよいのかは、必ずしも最初からは分からないでしょう。そのため、まずは利用者の行動観察をして、どの程度できるのかを確認しておかなければなりません。また、もし職員が記載したシェイピングのステップを利用者が実践してみたとしても、途中でつまずいてしまいその行動の達成が難しかったり、反対に達成が簡単すぎたりする場合があります。その場合には、その都度、職員がステップを修正し、過度に難しくなりすぎないように新たなステップを途中に追加してもかまいません。また、ステップが難しすぎて、利用者がイライラしたり、行動問題が生じたりする場合には、前のステップからやり直すことも検討してください。

　シェイピングの手続きは、まず現在利用者ができる行動を強化し、その行動が頻繁に起こるようにします。その一方で、他の行動や不適切な行動、望ましい行動に似ていない行動は強化しないようにします。

　さらに、**次のステップへ進むための基準を決めておくこと**も重要でしょう（例えば、3回連続で職員からのプロンプトなしで望ましい行動が起きたらなど）。その基準を満たすことができたら、次のステップに進めると決めておくと、利用者が本当にそのステップの行動をできるようになっているかが分かりやすいのではないかと思います。もし、そのステップの行動を利用者自ら達成しにくい場合には、もちろん職員によるプロンプトも必要になってきます。その場合でも、必要最小限度のプロンプトにとどめましょう。もし職員が頻繁にプロンプトしなければならない場合には、そのステップが利用者にとって難しすぎる可能性がありますので、ステップの再検討が必要です。

●シェイピングのステップ例①

**（最終目標）「自分の部屋の床を隅から隅まで、モップを使って拭
　　　　　　くことができる」**

①モップの柄を持ってモップを濡らさずに左右に 10 回動かすことができる。

②モップの柄を持ってモップを濡らして左右に 10 回動かすことができる。

③濡らしたモップで左右に動かしながら、部屋を往復することができる。

④濡らしたモップを左右に動かしながら床をふき、部屋を 3 往復することがで
　きる。

⑤濡らしたモップを左右に動かしながら床をふき、部屋を 5 往復することがで
　きる。

⑥濡らしたモップで部屋の床を隅から隅まで拭くことができる。

●シェイピングのステップ例②

（最終目標）「お風呂で自分の体を石鹸の付いたタオルで洗う」

①石鹸の付いたタオルで自分の両腕だけを洗うことができる。

②石鹸の付いたタオルで自分の両腕と両足を洗うことができる。

③石鹸の付いたタオルで自分の両腕、両足、首回りを洗うことができる。

④石鹸の付いたタオルで自分の両腕、両足、首回り、股間を洗うことができる。

⑤石鹸の付いたタオルで上記の部分以外に、タオルを広げて背中を洗うこと
　ができる。

⑥自分で石鹸を付けて、自分の体を全部洗うことができる。

4　行動を小さく分けて教える（課題分析とチェイニング）

(1) 複雑で難しい行動を細かく分ける

　利用者が最終目標である望ましい行動を達成できない場合、実はその行動が複雑であり様々な手順を経なければならない場合も少なくありません。その場合、その複雑な行動を一気に教えようとしても達成できないばかりか、利用者と職員の双方にとってイライラの原因になってしまいます。そのようなときにできる支援の手立ての1つに、課題分析を挙げることができます。

　課題分析とは、複雑で難しい行動をより単純な行動に細かく分けることによって、職員の支援が容易になるとともに、利用者も行動の習得をしやすくするというものです。例えば、「カレーを食べる」という行動は、一見単純な行動に見えますが、自分で食べることができない人にとっては難しい行動である可能性が高いのです。ただし「カレーを食べる」行動を課題分析する前に、その行動を具体的に定義する必要があります。つまり「右手でスプーンを持って、カレーをすくい、スプーンを近づけて口の中に入れること」というように行動を定義します。この行動を課題分析すると右図の例①のようになります。

　課題分析する上で重要なことは、時系列（時間の流れ）に沿って順番に行動を分けていくことです。しかし、職員を混乱させることの1つにシェイピングと課題分析の違いが挙げられます。シェイピングは、現在利用者ができる行動を徐々に目標とする行動に近づけていく方法ですが、この**課題分析は、利用者にとって複雑で難しい1つの行動を細かく複数の行動に分けて、達成しやすくすること**が特徴となります。

　難しくて複雑な行動を課題分析するポイントは、その利用者が既にできる行動や**簡単にできる行動は大雑把に分けて、できない行動や難しい行動の部分を細かく丁寧に分ける**ことです。そのように課題分析をすることで利用者が一つひとつの行動を達成しやすくすることが重要なのです。

◉課題分析とシェイピングの違い

課題分析	シェイピング
・最終目標である望ましい行動をいくつかの行動に分ける。 ・細かく分けた行動の一つひとつを強化し、連続でできるようにする。	・最終目標である望ましい行動に近い行動を強化する。 ・徐々に最終目標の望ましい行動に近づけていく。

◉課題分析の例①

（望ましい行動）「右手でスプーンを持って、カレーをすくい、スプーンを近づけて口の中に入れる」

①スプーンの柄を右手に持つ。

②スプーンの上にカレーを乗せてすくう。

③すくったカレーの乗ったスプーンを口元に近づける。

④カレーを口に流し込む。

⑤スプーンだけを口から出す。

◉課題分析の例②

（望ましい行動）「お風呂で自分の体を石鹸の付いたタオルで洗う」

①タオルを水で濡らす。

②液体石鹸をタオルに付けて泡立てる。

③タオルで右腕を洗う。

④タオルで左腕を洗う。

⑤首回りを洗う。

⑥股間を洗う。

⑦両手でタオルを伸ばして背中を洗う。

⑧シャワーで体中の泡を落とす。

(2) 単位行動をプロンプトして一連の望ましい行動につなげる（チェイニング）

　望ましい行動を複数の単位行動に分けて課題分析したら、次は「一つひとつの行動をどのように教えればよいのか」「最終的な望ましい行動にどのようにつなげていくか」を考えます。単位行動一つひとつをつなげて、一連の望ましい行動に形成する方法をチェイニング（連鎖化）と言います。まるで「**鎖（チェーン）のように一つひとつの単位行動をつなげる**」という意味です。

　それぞれの単位行動をつなげていくためには、利用者が自らその行動を達成できるように職員がプロンプトする必要があります。しかし、この場合も職員は常に必要最小限のプロンプトを心がけなければなりません。チェイニングでは、「職員がいかにプロンプトしないで、利用者の望ましい行動が達成されるのか」を目標にします。そのため、一つひとつの単位行動について、利用者が自分で達成することができたか、それとも支援者のプロンプトを必要としたのかを確認する必要があります。そのために必要なことが、**利用者の行動と職員のプロンプトの記録**です。チェイニングの方法については以下の３つのやり方があります。

　１つ目は、課題分析した単位行動の**最後の順番**から利用者ができるように教えていく方法です（逆行連鎖化）。これは１番目から職員がプロンプトしますが、１番最後の行動のみプロンプトなし（もしくは刺激の少ないプロンプトなど）で利用者に１人で行なってもらいます。

　２つ目は、課題分析した単位行動の**最初の順番**から利用者ができるように教えていく方法です（順行連鎖化）。そのため、最初のみ極力プロンプトなし（もしくは刺激の少ないプロンプト）で利用者に単位行動を行なってもらい、途中の単位行動から支援者がプロンプトをしながら利用者と一緒に最後まで行動を達成します。

　３つ目の方法は、課題分析した単位行動の中で、**利用者が苦手だと思われる行動だけ職員が必要に応じて**プロンプトする方法です（全課題提示法）。

　どの方法が最善のやり方かということは言えません。大切なことは利用者を観察し、その人に合わせたチェイニング法を検討することです。

◉単位行動の達成が、次の単位行動にとっての"きっかけ"となる

タオルと蛇口（きっかけ）
・タオルを水で濡らす（行動）

水で濡れたタオル（きっかけ）
・液体せっけんをタオルに付けて泡立てる（行動）

泡だったタオル（きっかけ）
・タオルで右腕を洗う（行動）

◉チェイニング（連鎖化）とは

| 単位行動 | 単位行動 | 単位行動 | 単位行動 | 単位行動 |

チェイニングとは、一つひとつの単位行動を利用者が自ら連続でできるようにすること

（3）単位行動の最後の行動から支援する（逆行連鎖化）

　３つあるチェイニングの方法の中で、課題分析して順番に記載された単位行動を最初から順番にプロンプトしながら利用者に教えていき、最後の行動からプロンプトせずに利用者が自分でできるように支援する方法を逆行連鎖化（バックワードチェイニング）と言います。

　例えば、右図を参照してください。まずはじめに利用者に求める単位行動は、順番でいえば１番最後の単位行動である「⑧」です。まずはこの行動をプロンプトなしで利用者ができるようになることが目標となります。その行動を利用者が達成することができたら、次に目標とする行動は最後から２番目の行動をプロンプトなしで達成することが目標となります。右図で言えば「⑦」となります。

　もうお気づきのことと思いますが、次に目指す行動は、最後から３番目の行動ということになります。以上のように、逆行連鎖化とは、課題分析の最後の単位行動から一つひとつ１番目の行動に向かって遡って利用者ができるようになっていくことを求める方法です。

　それでは、課題分析された残りの行動はどうするかというと、もちろん職員がプロンプトして教えるということになります。すなわち、課題分析された最初の単位行動から順番に職員がプロンプトしても構いません。しかし、最後の行動のみ利用者自身ができるように、職員はプロンプトせずに、利用者の行動を待つのです。その後、利用者がプロンプトなしで自ら達成することができたら、職員が強化することを忘れないようにしなければなりません。

　逆行連鎖化の最大のメリットは、利用者に時系列の最後の単位行動から達成できるように求めますので、その一連の行動を達成したということは、全ての行動が完成しているということになります。そのため、職員が「できましたね」「頑張りましたね」などと強化しやすいことが最大のメリットとなります。このことで利用者の望ましい行動への動機付けが高まりやすくなるでしょう。

●最後の単位行動からできるようになる方法（逆行連鎖化）

（望ましい行動）「お風呂で自分の体を石鹸の付いたタオルで洗う」

①タオルを水で濡らす（プロンプト）。

②液体石鹸をタオルに付けて泡立てる（プロンプト）。

③タオルで右腕を洗う（プロンプト）。

④タオルで左腕を洗う（プロンプト）。

⑤首回りを洗う（プロンプト）。

⑥股間を洗う（プロンプト）。

⑦両手でタオルを伸ばして背中を洗う（プロンプト）。

⑧シャワーで体中の泡を落とす（利用者自ら行なう）。

①タオルを水で濡らす（プロンプト）。

②液体石鹸をタオルに付けて泡立てる（プロンプト）。

③タオルで右腕を洗う（プロンプト）。

④タオルで左腕を洗う（プロンプト）。

⑤首回りを洗う（プロンプト）。

⑥股間を洗う（プロンプト）。

⑦**両手でタオルを伸ばして背中を洗う（利用者自ら行なう）。**

⑧シャワーで体中の泡を落とす（利用者自ら行なう）。

単位行動の最後から利用者ができる行動を自らできるようにつなげることを繰り返す

●逆行連鎖化のメリット

自分でズボンはけましたね

最後の単位行動を自ら行なわせることで利用者が達成感を感じやすく、支援者も強化しやすい。

（4）単位行動の最初の行動から支援する（順行連鎖化）

　順行連鎖化（フォーワード・チェイニング）は、逆行連鎖化と反対に、時系列に課題分析された単位行動の1番目の行動から利用者に行なうように求める方法です。

　そのため、職員が望ましい行動を指示したら、利用者自らがその1番目の行動をするよう待ちます。もし、利用者が望ましい行動をすることができなければ、必要に応じてプロンプトします。その後、プロンプトを無くして、利用者が自分でその行動をできるようにしていきます。2番目以降の行動は職員がプロンプトしながら支援します。

　利用者が、1番目の行動をプロンプトなしにできるようになったら、今度からは2番目の行動までを利用者に求め、3番目以降の行動は職員がプロンプトしながら望ましい行動を支援していきます。

　順行連鎖化の実施例として、右図の課題分析された右図を参照してください。この場合、望ましい行動の達成のために、8つの単位行動に課題分析されました。職員はまず「タオルを水で濡らす」行動を利用者にするようにプロンプトします。1番目の行動を利用者がプロンプトなしでできるようになったら、2番目の行動である「液体石鹸をタオルに付けて泡立てる」を利用者にするように指示します。その後は順番に3番目、4番目というように順番にプロンプトしながら利用者が行動を達成していき、最終的に全ての単位行動をプロンプトなしで、連続でできること、すなわち行動を「連鎖化させること」が目標となります。**大切なことは利用者へのプロンプトは最小限度にとどめるということ**です。また、逆行連鎖化のときと同様に、職員が利用者に対してどのようなプロンプトをしたのかを、後で見返したときに分かるように記録しておくことも重要でしょう。

　ちなみに、逆行連鎖化と順行連鎖化のどちらが効果的かについては、実はそこまで大きな違いはないと言われています。利用者個人の違いやどのような課題や望ましい行動を教えるかによって使い分けるとよいでしょう。

●最初の単位行動からできるようになる方法（順行連鎖化）

（望ましい行動）「お風呂で自分の体を石鹸の付いたタオルで洗う」

> 単位行動の最初の順番から利用者が自らできるように行動をつなげることを繰り返す

①タオルを水で濡らす（利用者自ら行う）。

②液体石鹸をタオルを付けて泡立てる（プロンプト）。

③タオルで右腕を洗う（プロンプト）。

④タオルで左腕を洗う（プロンプト）。

⑤首回りを洗う（プロンプト）。

⑥股間を洗う（プロンプト）。

⑦両手でタオルを伸ばして背中を洗う（プロンプト）。

⑧シャワーで体中の泡を落とす（プロンプト）。

→

①タオルを水で濡らす（利用者自ら行う）。

②液体石鹸をタオルを付けて泡立てる（利用者自ら行う）。

③タオルで右腕を洗う（プロンプト）。

④タオルで左腕を洗う（プロンプト）。

⑤首回りを洗う（プロンプト）。

⑥股間を洗う（プロンプト）。

⑦両手でタオルを伸ばして背中を洗う（プロンプト）。

⑧シャワーで体中の泡を落とす（プロンプト）。

●逆行連鎖化と順行連鎖化の違いについて

・単位行動が多く長い行動連鎖を目標とする場合には、中単位の行動連鎖に分け、それらが完成したら、中単位の行動を連鎖させるという方法もある（小野, 2005）

・発達障害のある利用者に望ましい行動を教える場合には、逆行連鎖化が有効かもしれない

・逆行連鎖化と順行連鎖化のどちらが有効なのかは、一概に言うことはできないため、その利用者に合わせた方法を適用するべきである

（5）単位行動を全体的に支援する（全課題提示法）

　この方法は、前述した2つの方法とは異なり、課題分析された単位行動を利用者が順番にできるように支援する方法ではなく、**単位行動の中で利用者ができない行動や苦手な行動にのみプロンプトを行なう**という方法です。この方法は行動が長すぎずあまり複雑ではない行動に向いています。また、望ましい行動の中で利用者が一部の単位行動のみ苦手である場合にも、この方法を使うことができるでしょう。

　例えば、右図のような「右手でスプーンを持って、カレーをすくい、スプーンを近づけて口の中に入れる」という望ましい行動を課題分析した結果を参照してください。これらの課題分析された単位行動のうち、利用者が「スプーンの柄を右手に持つ」という行動のみが苦手であったとします。その場合、その行動にのみにプロンプトを用いるようにします。どのプロンプトが必要かは、その利用者がどの程度その行動を自分で達成することができるのかによって変わってきます。

　もしその利用者がその行動を達成することがかなり困難である場合には、身体プロンプトから用いて、徐々にヒントの大きさが小さい指さしプロンプトや言語プロンプトなどに移行していくとよいでしょう。また、ごくまれに間違える程度であれば、必要に応じて指さしや言語プロンプトのみでもよいかもしれません。

　全課題提示法の難しいところは、利用者ができない部分だけ、職員が必要に応じたプロンプトを考えなければならないことです。そのため、職員は「どのタイミングでどのプロンプトを用いるべきなのか」という判断力と適確にプロンプトを行なう技術が求められます。なぜなら、もし必要ないにもかかわらず間違ってプロンプトをしてしまったり過剰にプロンプトをしてしまうと、利用者がプロンプトに頼ってしまい、いくらたっても利用者自らできるようにはならず、結果的に自立への妨げになってしまうからです。利用者がもしその行動を行なうことが難しいようであれば、逆行連鎖化か順行連鎖化でじっくり支援する方がよいでしょう。

●全課題提示法におけるプロンプト

（望ましい行動）「右手でスプーンを持って、カレーをすくい、スプーンを近づけて
　　　　　　　口の中に入れる」

①スプーンの柄を右手に持つ**（利
用者の右手にスプーンを持たせ
る：身体プロンプト）**。

②スプーンの上にカレーを乗せて
すくう（利用者自ら行なう）。

③すくったカレーの乗ったスプーン
を口元に近づける**（後ろから利
用者の右ひじを持ち支える：身
体プロンプト）**。

④カレーを口に流し込む（利用者
自ら行なう）。

⑤スプーンだけを口から出す（利
用者自ら行なう）。

①スプーンの柄を右手に持つ**（ス
プーンを右手に近づける：視覚
的プロンプト）**。

②スプーンの上にカレーを乗せて
すくう（利用者自ら行なう）。

③すくったカレーの乗ったスプーン
を口元に近づける**（必要な時だ
け右ひじに軽く触れる：身体プ
ロンプト）**。

④カレーを口に流し込む（利用者
自ら行なう）。

⑤スプーンだけを口から出す（利
用者自ら行なう）。

利用者が必要な場合のみ、プロンプトを行なう。プロンプトの刺激を減ら
すことを心がける。上記の例では、同じ身体プロンプトでも刺激の大きさ
を減らしている。

●プロンプトは必要最小限

徐々に
フェイドアウト

利用者　　　　　　　　　　　職員

利用者が自らできる行動が増えるように、支援者は後ろから見守り、必要なときだ
けプロンプトする。

（6）課題分析とチェイニングの記録方法

　課題分析とチェイニングは利用者が望ましい行動を職員や周囲の人の手助けなしで、1人で行なえるようになることが目標です。そのため、職員によるプロンプトは必要最小限にとどめなければなりません。しかし、職員が利用者を支援しているときには、その瞬間は恐らく必死に利用者を支援していると思いますので、どのようなプロンプトをしたのかをその都度記憶しているわけではありません。そのため**利用者の望ましい行動が、職員のプロンプトなしでも起こっているかどうかを後で確認できるようなツールが必要**になります。

　プロンプトの状態を確認する方法は「記録をとること」です。右図を参照してください。これは、利用者の望ましい行動を課題分析したものを表にしたものです。それぞれの単位行動ごとに身体プロンプトや指さしプロンプト、モデリング、あるいは言語プロンプトの項目が設けられています。

　職員は、その行動ごとにどのようなプロンプトをしたのかを記録表にチェックし、あとで見直すことによって、利用者の望ましい行動に対して「どのようなプロンプトをしたのか」「プロンプトの頻度が過剰ではないか」について把握することができます。記録の仕方は、職員が使用したプロンプトの手段に該当する箇所に「〇」や「言」（言語プロンプト）を書くなどによって行ないます。

【課題分析を視覚化したプロンプトの使用（課題分析表）】

　利用者が課題分析された単位行動を説明した文字や写真を見ることで、望ましい行動への手がかりとすることもできます。例えば、プラモデルの設計図や手洗いの手順、あるいは料理のレシピを写真で示してあるものを見たことがあるでしょう。右図のようなめくり式の写真立ての中に、単位行動を説明した写真を入れてめくることによって、利用者が行動の手順が分かるようになり、職員からのプロンプトなしでも1人で望ましい行動が達成できるようになるかもしれません。

●課題分析による記録と記入例

課題分析記録表

対象利用者：＿＿＿＿＿＿＿＿＿＿＿　　　日付：＿＿＿＿＿年＿＿＿月＿＿＿日

<u>望ましい行動</u>：「右手でスプーンを持って、カレーをすくい、スプーンを近づけて口の中に入れる」

<u>自分でできた：○、言語プロンプト：言、指さしＰ：指、真似してできた：モ、身体プロンプト：身</u>

	行動	4/12	4/14	4/16	4/18	4/20
1	スプーンの柄を右手に持つ。	身	指	○	○	
2	スプーンの上にカレーを乗せてすくう。	○	○	○	○	
3	すくったカレーの乗ったスプーンを口元に近づける。	身	身	モ	指	
4	カレーを口に流し込む。	○	○	○	○	
5	スプーンだけを口から出す。	○	○	○	○	
6						

●視覚的プロンプトの例

日めくりカレンダーのように作業の手順について、紙をめくることで分かりやすくなる。

5　トークン・エコノミー

（1）トークン・エコノミーとは

　トークン・エコノミーとは、トークン（代用貨幣）を使用した経済システムのことです。普段われわれはお金（貨幣）を使用して、欲しい物や活動・レジャーなどと交換しており、お金を使用した経済システムと言えます。トークン・エコノミーでは、お金の代わりにトークンを使用します。

　すなわち、トークン・エコノミーは、**利用者に望ましい行動の達成を約束させて、利用者が望ましい行動を達成できたときに強化子としてのトークンを提供する方法**です。このトークンを利用者が決められた枚数だけ貯めることによって、その枚数に応じて利用者の欲しい物ややりたい活動（バックアップ強化子）と交換できるという仕組みです。

　トークン・エコノミーで使用されるトークンとしては、シールやスタンプなどが挙げられます。

　また、トークンと共に使用されるものとして、トークンを貯めるための台紙や望ましい行動を記した表とその達成に応じてもらえるトークンの数を示した表、トークンを貯めたときのご褒美（バックアップ強化子）などが挙げられます。トークンの台紙とは、利用者が望ましい行動を達成できたときにもらえるトークンを貼り付けるための台紙です。この台紙は、原則として利用者が自分で保管していつでも見られるようにします。また、必要に応じて利用者が誤って破らないようにラミネートなどでコーティングするとよいでしょう。

　望ましい行動の内容については、利用者と相談しながら決定するようにしましょう。また、望ましい行動に応じて獲得できるトークンの数を記載したものも利用者が見ることができるようにします。トークンを貯めた結果もらえるご褒美も、支援の最初の段階で利用者と一緒に選択して決めるようにしてください。ただし、強化子の効力を上げるために、ご褒美は施設内でのみ提供可能な物に限定した方がよいかもしれません。

●トークン・エコノミーとは？

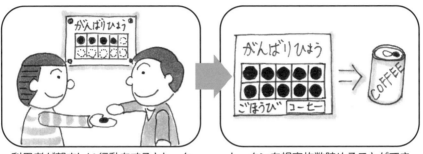

利用者が望ましい行動をするとトークンを獲得できる。

トークンを規定枚数貯めることができれば、ご褒美と交換できる。

●トークン・エコノミーによる手続きの流れ

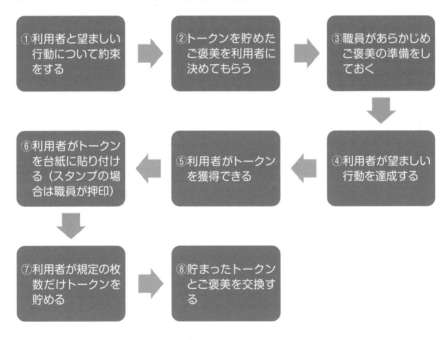

①利用者と望ましい行動について約束をする

②トークンを貯めたご褒美を利用者に決めてもらう

③職員があらかじめご褒美の準備をしておく

④利用者が望ましい行動を達成する

⑤利用者がトークンを獲得できる

⑥利用者がトークンを台紙に貼り付ける（スタンプの場合は職員が押印）

⑦利用者が規定の枚数だけトークンを貯める

⑧貯まったトークンとご褒美を交換する

（2） トークン・エコノミーの決まりごと①

　トークン・エコノミーを施設で実践するにあたって、あらかじめ決めておくべきことが6つあります。

①望ましい行動は何なのか？
　まず利用者に形成したい望ましい行動を「約束」として決定しましょう。その際には、なるべく「利用者が理解できるようなことば」、あるいは「読むことができる文字（漢字あるいはひらがな・カタカナは読めるかなど）」で具体的に書く必要があります。また、利用者本人が文字を書けるようであれば、本人に書いてもらうことで利用者の望ましい行動へのやる気も高まるでしょう。

②トークン（シール、スタンプ）はどうするのか？
　利用者が望ましい行動を達成した場合に獲得できるトークンを、スタンプにするのか、シールにするのかを決定します。利用者が好きなキャラクターなどのシールを使用すると、利用者の動機付けも高まるでしょう。また、トークンは職員以外から獲得できるものであってはいけません。例えばペンで〇を描くだけでは利用者に簡単に偽造されてしまいますのでそれは避けた方がよいでしょう。職員はトークンが盗まれたり、偽造されたりしないようにその管理に注意してください。

③トークンと交換できるご褒美（バックアップ強化子）は何か？
　利用者と相談しながら利用者の好みの物品や活動を提供できるようにしましょう。食べ物や飲み物、あるいは玩具や本、「音楽を自由に聞くことができる権利」や「買い物の権利」など、その利用者本人の好みに合わせて提供するようにしてください。もし他の利用者の目が気になるなどの理由で食べ物が提供できない場合には、別の個室などの他利用者から見えない場所で提供するようにしましょう。また、ご褒美は、その人が家に帰ったり、実家に帰省した際などでも、自由に獲得できない「特別な物」を設定するようにしましょう。

●トークン・エコノミーのポイント①

1）望ましい行動を決めるときには、利用者にとって達成困難なものばかりではなく、現在利用者が達成できているものも少なくとも1つは含めること。

2）トークン・エコノミーを始めたばかりのときは、（利用者の知的レベルにもよるが）あまり多くの望ましい行動を設定しすぎない方がよい。多くても3つ程度にし、徐々に増やしていく。

3）トークンはシールもしくはスタンプの方がよい。「ペンで○を書く」などは利用者に偽造の心配がある場合には向かない。

4）トークンを選ぶ際は、トークンそのものが利用者にとって好みのキャラクターであると動機付けが上がる。

5）ご褒美は利用者が、施設や実家で自由に獲得できる物ではない特別な物の方がよい。

（3）トークン・エコノミーの決まりごと②

④トークンをいくつ貯めればご褒美（バックアップ強化子）と交換できるか？

　トークンとご褒美の交換比率をあらかじめ決めておきます。その利用者に導入する最初の段階ではなるべく多く交換できるように、ご褒美と交換するトークンの枚数は少なめにしておきましょう。その後、利用者が望ましい行動の達成を無理なくすることができるようになったら徐々に交換に必要なトークンの枚数を増やしていくようにしましょう。

⑤何回望ましい行動をすれば、トークンをもらえるのか？

　トークンは、利用者が望ましい行動を達成できた直後になるべく提供しましょう。または、利用者が望ましい行動の達成を職員に報告することができたら提供してもよいでしょう。もしも職員の勤務の都合で利用者の行動を管理することが困難であれば、1日の中で提供できる時間を設定し、その時に望ましい行動が達成できていたらトークンを提供する方法でも構いません。トークン・エコノミーを導入した最初の段階では、望ましい行動のたびにトークンを提供する方がよいと思います。その後、利用者が望ましい行動の達成をスムーズにできるようになったら、徐々にトークンへの交換比率を少なくしていきましょう。

⑥誰が、どこで、トークン、バックアップ強化子と交換するのか？

　トークンは、利用者が望ましい行動を達成したらすぐに渡せるようにするために、職員は常に持参しておきましょう。その場合、利用者もすぐに貼り付けられるようにトークン台紙を首からぶら下げるなどして持参してもよいでしょう。また、入所施設などの職員の勤務時間が不規則な場合は、必ずしも1人の職員だけでは対応できない可能性がありますので、**その利用者にかかわる全職員が、トークン・エコノミーの手続きを把握している必要があります**。そのため、他の職員に具体的な方法について書面で説明したり、職員室に掲示するなどして職員がいつでも見られるようにしておきましょう。また、利用者との実際のやり取りを他の職員に見てもらうことで、より理解が深まるでしょう。

●トークン・エコノミーのポイント②

1）初期のころは、トークンの枚数を少なめにすること。その後、ご褒美の経済的価値に合わせて必要なトークンの枚数を増やしていくこと。

2）トークンを渡すタイミングの理想は、できた後に渡せることであるが、施設内では常に同じ支援員が対応できるとは限らないため、1日の決まった時間に望ましい行動の達成について利用者と確認し、トークンを渡すかどうかを決めるとよい。

3）トークンを渡す担当の職員についてあらかじめ決めておくこと。特に入所施設の場合は職員のシフトが変則的であるため、常に同じ職員が対応できるとは限らない。そのため、職員間の連携が重要となる。

4）このような手続きは、すべての職員が納得した上で実施しないと効果的ではなくなるため、納得できない職員に対しては詳細に何度も説明し、職員の支援への不安を軽減するように努めること。

●職員間の連携の重要性

職員間の連携がうまくいかないまま支援を開始すると、トークンを渡し忘れるなどの問題が生じ、利用者との信頼関係が低下してしまう。

（4）トークン・エコノミーを実施する上で準備するもの

　トークン・エコノミーを実施するためには、トークン以外にも様々な物を準備する必要があります。それは、トークン台紙、「望ましい行動を書いたもの」（約束表）、「ご褒美を記載したもの」（ご褒美メニュー）などです。

　トークン台紙とは、トークン（シールやスタンプなど）を貼り付ける台紙のことです。トークン台紙は利用者のやる気を高めるための重要な要素ですので、利用者の好きなキャラクターなどをデザインしながら作成してもよいでしょう。ただし、台紙に様々な刺激を盛り込み過ぎると利用者によっては見にくくなる可能性がありますので、盛り込み過ぎないように注意が必要です。また、必要な数だけトークンが貯まったら、獲得できるご褒美について記載する欄も設けるようにしてください。この欄は利用者が書くことによって望ましい行動へのやる気が高まるでしょう。

　次に、「**望ましい行動の約束**」についてです。これはトークンの台紙に一緒に記載してもかまいません。利用者にとって分かりやすいことばで書くようにします。この「約束」は利用者に対して"ルール"を提示していることになります。このルールは利用者が見たいときにいつでも確認できるものでなくてはなりません。そのため、利用者の居室に貼っておくなどして、利用者がいつでも確認できるようにしましょう。

　最後に、**ご褒美メニュー（バックアップ強化子を記載したもの）**について説明します。これを作成することにより、支援の最初の段階で利用者にご褒美を選んでもらうことが利用者の望ましい行動達成のための強い動機となるからです。利用者と相談しながら、利用者がどのようなご褒美が欲しいのか、他の場所では獲得できない特別な物かを考慮に入れながら作成するようにしましょう。また、このご褒美メニューは利用者が飽きないように新たなご褒美を導入することにより、定期的に更新してください。

●トークン

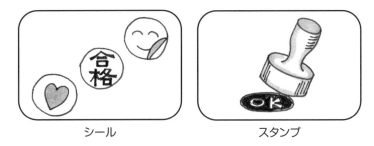

シール　　　　　　　　　　　スタンプ

●トークンの台紙の例

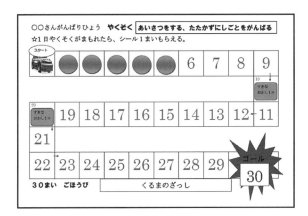

●ご褒美メニューの例

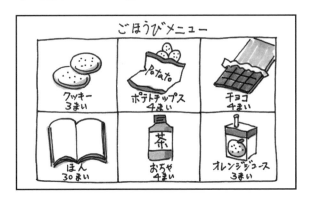

(5) トークン・エコノミーの手続き

　まずは、利用者と一緒に利用者が達成するべき望ましい行動と、バックアップ強化子について決定しましょう。次に利用者に対して、「望ましい行動を達成できたらトークンを獲得できること」「トークンを必要な枚数貯めることができたらバックアップ強化子を獲得できること」などの手続きを説明します。

　利用者が望ましい行動の達成が困難な場合には、必要に応じて望ましい行動をプロンプトしてください。この場合も他の手続きと同様に最小限度のプロンプトを心がけるようにします。また、利用者が望ましい行動の達成にやる気を失っている様子が見られたら、適宜トークン台紙を提示しながら指さしをしたり、「○○（獲得できるご褒美の名前）がもらえるようにがんばりましょう」などと利用者を励ましたりすることも有効です。

　利用者が望ましい行動を達成できたら、すぐに利用者にトークンを渡すようにしましょう。もし、「1 日を通して守ることができたら」などの設定の仕方をしているのであれば、利用者とトークンを渡すための約束の時間を設定しましょう。その際に、職員が約束の時間に渡すことができなかったり、トークンそのものを渡し忘れたりしないように注意しましょう。

　特に、入所施設の場合には職員の勤務シフトの関係で、**毎日同じ職員がその利用者を必ずしも支援できるとは限りませんので、職員同士でトークン・エコノミーの手続きに関して連携をとることを忘れないようにしてください。**

　トークン・エコノミーによる支援中は、適宜トークン台紙を利用者と一緒に見ながら「あと○枚で、○○がもらえますね」などとフィードバックするようにしてください。利用者が決められた枚数のトークンを貯めることができたら、利用者にバックアップ強化子を提供します。その際に「○○さんが望ましい行動を頑張ったからもらえましたね」と強化するようにしましょう。また、バックアップ強化子は間を空けずに、なるべくすぐに渡すようにしましょう。すぐに利用者に渡せるように前もって準備しておくと、利用者に滞りなく渡すことができます。

●トークン・エコノミーによる支援の流れ

①トークンエコノミーの手続き（望ましい行動をすればトークンをもらうことができ、トークンを貯めたらご褒美がもらえること）を利用者に説明

②利用者と支援に関する同意を得る

③利用者と一緒に相談しながら、望ましい行動を決定

④望ましい行動とトークン交換のルール（時間、人、場所）を利用者と相談しながら決定

⑤トークンの種類やご褒美の内容について利用者と相談しながら決定

⑥支援内容について利用者と契約

⑦支援の実施（適宜プロンプト）

⑧望ましい行動ができたらトークンを提示

⑨トークンを規定枚数貯めることができたらご褒美と交換（あらかじめ準備）

⑩利用者に支援の継続と次のご褒美、望ましい行動について確認

(6) レスポンスコスト

　トークン・エコノミーは、利用者の望ましい行動を増やすために実施するものですが、相対的に行動問題への軽減の効果もあります。ただし、もしトークン・エコノミーを実施しても行動問題が軽減しないようであれば、利用者の同意を得た上でレスポンスコストを実施してもよいかもしれません。

　レスポンスコストとは、トークン・エコノミーと同時に適用する方法ですが、もし利用者の行動問題が起こったら、これまで獲得していたトークンを没収することによって行動問題を軽減させる方法です。

　しかし、最初からトークン・エコノミーによる支援と同時にレスポンスコストによる支援を導入しない方がよいかもしれません。なぜなら、以下で説明する通り、レスポンスコストは弱化に基づく方法だからです。

　この方法は例えば「自動車を運転中にスピード違反を犯してしまったときに支払うべき罰金」と同じメカニズムです。そのため、利用者にこの支援方法についてよく説明し同意を得る必要があります。なぜなら利用者に苦痛を与える可能性があり、倫理的な問題をはらんでいますし、トークンを没収されることで利用者が感情的になってしまう可能性もあるからです。したがって、たとえ**利用者から同意が得られたとしても感情的になりやすい利用者に対してはその適用を控えた方がよいでしょう。**

　レスポンスコストの手続きは以下の通りです。

①「やってはいけない行動」を利用者とともに相談しながら決定しましょう。トークン・エコノミーによる支援の際に作成した約束表に一緒に記載すると分かりやすいかもしれません。

②もしも「やってはいけない行動」を利用者がしてしまった場合にどれだけトークンが没収されるのかを決めます。一般的には、激しい行動や減らしたい行動（ニーズが高い行動）などは、没収される枚数を多く設定した方がよいかもしれません。ただし望ましい行動により獲得できるトークンよりも、没収されるトークンの方が多く設定しないように気をつけてください。もし、没収されるトークンの方が多かったら、利用者は途端に望ましい行動へ

のやる気を失ってしまうかもしれないからです。

③利用者の行動問題が起こったらすぐにトークンを没収するようにします。ただし、行動問題を起こした後などは利用者が興奮している可能性がありますので、しばらくして利用者が落ち着いてからでもよいかもしれません。シールの場合にはシールをはがし、スタンプの場合はその上から×を描くなどして消してください。

◉レスポンスコストとは、これまで獲得していたトークンを支援者によって没収される手続きである

これまで望ましい行動を行なう
とトークンを獲得できていた
（トークン・エコノミー）

行動問題が起こるとこれまで
貯めたトークンを没収される
（レスポンスコスト）

第5章

実際に支援計画を
立てる

1　行動支援計画

（1）行動問題への支援計画とは

　行動論的なアプローチでは、利用者の行動障害の改善や軽減を目指すときに立案する計画のことを特に「**行動支援計画**」と呼んでいます。

　利用者の行動問題の軽減を図るためには、まずは行動支援計画を立てることが必要になってきます。なぜならこの計画を立てることによって、利用者に包括的に支援することが可能となるからです。さらに、この計画書をその利用者と関わる職員全員で共有することによって、共通した支援が可能となり、支援の効果がさらに高まるでしょう。

　行動支援計画は、「利用者の行動問題は何か」「行動問題の機能は何か」を記載する部分と、支援内容として「予防的支援」「望ましい行動および代替行動への支援」「結果への支援（行動問題が起きていないときや望ましい行動などが起きたときの褒めことばやご褒美）」「危機介入（行動問題が生じたときの人的・環境的資源や手続きの対応）」の各欄が設けられており、それぞれに該当する内容を記載するようになっています。

　利用者へのアセスメント結果に基づいて行動問題の仮説を立て、これまでの各章で述べてきた支援方法の中から、その利用者にとって最も効果的な方法を選択し、該当する各欄に記入していきます。

　「予防的支援」の欄は、利用者が「行動問題が起こりにくい」「望ましい行動が起こりやすい」環境を設定したり、職員の関わり方をどのように変えるのかを記載します。「望ましい行動および代替行動への支援」では、望ましい行動（または代替行動）に加えて、「望ましい行動をどのように支援するか」について記載します。「結果への支援」の欄は、利用者が望ましい行動および代替行動をした後に「職員がどのような褒めことばをかけるか」「どのようなご褒美やトークン、休憩などの強化子を提供するか」を記載します。「危機介入」では、「万が一、行動問題が起こったときに誰が、どの場所で、どのような方法で対応するのか」「利用者が興奮状態から落ち着いた後の支援」について記載します。

●アセスメントから支援評価までの流れ

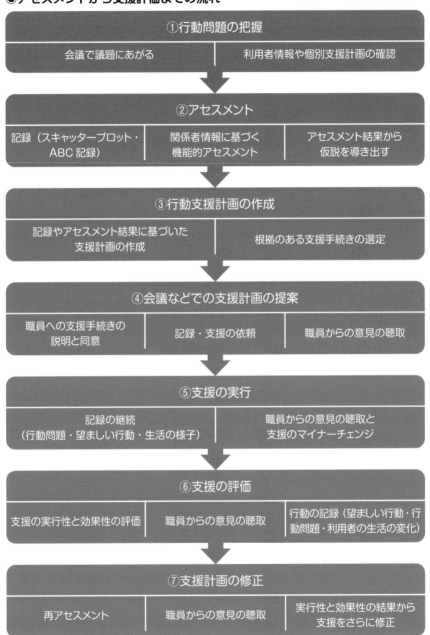

①行動問題の把握

| 会議で議題にあがる | 利用者情報や個別支援計画の確認 |

②アセスメント

| 記録（スキャッタープロット・ABC記録） | 関係者情報に基づく機能的アセスメント | アセスメント結果から仮説を導き出す |

③行動支援計画の作成

| 記録やアセスメント結果に基づいた支援計画の作成 | 根拠のある支援手続きの選定 |

④会議などでの支援計画の提案

| 職員への支援手続きの説明と同意 | 記録・支援の依頼 | 職員からの意見の聴取 |

⑤支援の実行

| 記録の継続（行動問題・望ましい行動・生活の様子） | 職員からの意見の聴取と支援のマイナーチェンジ |

⑥支援の評価

| 支援の実行性と効果性の評価 | 職員からの意見の聴取 | 行動の記録（望ましい行動・行動問題・利用者の生活の変化） |

⑦支援計画の修正

| 再アセスメント | 職員からの意見の聴取 | 実行性と効果性の結果から支援をさらに修正 |

●行動支援計画のフォーマット

記入日：　　　　年　　月　　日　　　利用者：＿＿＿＿＿＿＿＿＿＿＿＿＿＿＿

性別：　男・女　　年齢：＿＿＿＿＿　　記録者：＿＿＿＿＿＿＿＿＿＿＿＿＿＿＿

行動問題が起きにくい活動や環境設定

-
-

望ましい行動などが起きやすい活動や環境設定

-
-

望ましい行動

-
-

代替行動 {注目・要求・逃避（回避）・感覚}（ ○ で囲む）

-
-

【行動問題が維持しているABC】

きっかけ・状況 （A）	行動問題 （B）	結果 （C）

行動問題 ※複数ある場合は、その前兆の行動やニーズの高い行動を記載	①（具体的に行動問題を記入）	②（具体的に行動問題を記入）
推定される行動問題の機能		
予防的支援 ※「行動問題が起きにくい支援や環境」「望ましい行動などが起きやすい支援や環境」		
望ましい行動・代替行動 ※どのように支援するかを具体的に記載		
結果への支援 ※「行動問題が起きていないとき」や「望ましい行動などが起きたとき」の褒めことばやご褒美		
危機介入 ※行動問題が起きたときの人的・環境的資源や手続き		

（2）利用者に合わせて支援法を考え、支援計画に当てはめる

　利用者の行動問題を軽減させるために効果的な支援を考える上で重要なことは、**アセスメント結果や行動問題の機能、あるいは仮説に基づいて支援計画を立てなければならない**ということです。機能的アセスメントの結果によって、利用者の行動問題の機能が4つ（注目、要求、逃避・回避、感覚）のいずれか、あるいは複数であることが明らかになったと思います。基本的にはその機能に応じた支援方法を検討することになります。もし行動問題が2つ以上の複合的な機能を果たしている場合には、それぞれの行動問題の機能や場面ごとに支援を考える必要があるでしょう。基本的には行動問題が起こりやすい場面において、どのような支援が適切かを当てはめて考えていくことになります。

【行動問題が他者からの注目獲得の機能を有している場合】

　予防的支援としては、「本人が満足できるように日頃から定期的に声かけやお話をする（非随伴性注目）」「本人が満足できるような余暇（楽しみの活動や日中活動）を取り入れること」「活動スケジュールで見通しをもたせること」などが挙げられます。

　望ましい行動や代替行動への支援としては、「場面に合った望ましい行動を支援する（食事や作業などの場面ごとに望ましい行動を支援する）」「他者の注目を獲得するための代替行動（「ねえねえ」や「○○さん」と言って呼ぶことを教える、肩を叩く）などの相手の注目を引くための行動をどのように教えるか」などが挙げられます。

　望ましい結果に対する支援としては、「望ましい行動や代替行動などをした際にどのような強化子（褒めことばやお菓子や買い物などのご褒美となる活動）を提示するのか」について検討します。

　危機介入については、利用者の行動問題の形態が他者への攻撃行動であったり、破壊的行動ではない限りは、消去の手続きを適用します。しかし、もし、攻撃行動や破壊行動、あるいは利用者本人が激しく興奮しているようであったならば、別の居室に誘導し本人の興奮が落ち着くまで見守るなどの対処は必要でしょう。

●行動問題が他者からの注目獲得の機能を有している行動への支援例

予防的支援

- 本人が満足できるように日頃から定期的に声かけや話をする（非随伴性強化法）
- 本人が満足できるような余暇（楽しみの活動や日中活動）を取り入れる
- 活動スケジュールで見通しをもたせる

望ましい行動や代替行動への支援

- 場面に合った望ましい行動を支援する（食事や作業などの場面ごとに望ましい行動を支援する）
- 他者の注目を獲得するための代替行動（「ねえねえ」や「○○さん」と言って呼ぶことを教える、肩を叩く）などの相手の注目を引くための行動を教える

望ましい結果に対する支援

- 望ましい行動や代替行動などをした際に強化子（褒めことばやお菓子や買い物などのご褒美となる活動）を提示する

危機介入

- 利用者の行動問題の形態が他者への攻撃行動であったり、破壊的行動ではない場合は、消去する
- 攻撃行動や破壊行動、あるいは利用者本人が激しく興奮しているなら、別の居室に誘導し本人の興奮が落ち着くまで見守る

【行動問題が要求の機能を有している場合】

　予防的支援として考えられることは、「利用者が要求している物を提供する日時を決めておく」「定期的に決められた時間や日に利用者の要求物を提供する」「要求している物をいつ獲得できるのかを見通しをもつことができるようにスケジュールを提示する」「いつ提供するかを職員が前もって口頭で説明する」「タイムタイマーなどの視覚的な手がかりを使用する」などが挙げられます。

　望ましい行動・代替行動への支援としては、「利用者が望んでいる物を要求するためのサインなどの代替行動を教えること」、「『ください』と言うことを教える」「PECS®などによって写真カード（あるいはスマートフォンのアプリ）で要求できるように教える」ことなどが挙げられます。また、トークン・エコノミーを利用して望ましい行動ができたら、バックアップ強化子として欲しい物・活動が獲得できるようにします。

　結果への支援では、利用者が正しく要求ができたのであれば、褒めことばとともに、その要求を叶えるようにします。また、望ましい行動ができたら、トークンを提示し、トークンを決まった数だけ貯めることができたらバックアップ強化子を提供します。

　危機介入としては、とにかく行動問題のような不適切な形態で要求物を獲得できたり、行ないたい活動ができることを避けるべきです。なぜなら、そのことで行動問題を強化してしまうからです。

　その前提を踏まえた上で、要求している物を獲得するための条件を出すようにします。可能であれば、要求のためのコミュニケーション（代替行動）をプロンプトしましょう。その上で要求している物（活動）を提供してください。もしも興奮していて支援者からの指示も通らない場合には、別の落ち着ける部屋に連れて行き、利用者が落ち着くまで見守った方がよいかもしれません。その後、利用者が落ち着いてから改めて支援者から代替行動のプロンプト、もしくは「〇〇ができたら……がもらえる（できる）」などのルールを提示するとよいかもしれません。

◉行動問題が他者からの要求の機能を有している行動への支援例

予防的支援

- 利用者が要求している物を提供する日時を決めておく

- 定期的に決められた時間や日に利用者の要求物を提供する

- 要求している物をいつ獲得できるのかを見通しをもつことができるようにスケジュールを提示する

- いつ提供するかを職員が前もって口頭で説明する

- タイムタイマーなどの視覚的な手がかりを使用する

望ましい行動や代替行動への支援

- 利用者に要求のサインを教える

- 「ください」と言うことを教える

- PECS® などによって写真カード（あるいはスマートフォンのアプリ）で要求できるように教える

- トークン・エコノミーを利用する

望ましい結果に対する支援

- 利用者が正しく要求ができたのであれば、褒めことばと一緒に、その要求を叶える

- 望ましい行動ができたら、トークンを提示する

- トークンを貯めることができたらバックアップ強化子を提供する

危機介入

- 要求のためのコミュニケーション（代替行動）をプロンプトする

- 興奮している場合は、支援者か別の落ち着ける部屋に連れて行き、利用者が落ち着くまで見守る

【行動問題が逃避・回避の機能を有している場合】

　利用者の行動問題が逃避・回避の機能を有している場合には、環境的要因だけではなく、本人の感覚過敏性も考慮に入れなければなりません。

　予防的な支援としては、逃避の機能の行動問題が起こるということは、その場所に何らかの嫌な刺激があることを考えます。支援にあたっては「職員が前もってその嫌な刺激を取り除いたり減らすことは可能か」を検討します。

　例えば、職員からの指示が苦手であれば簡潔で優しい指示に変えたり、本人が好きな活動や楽しい活動を準備します。また、周囲の騒音などが苦手であれば、「静かな部屋やイヤーマフなどを準備すること」「定期的に休憩を許可すること」などが考えられます。さらに苦手な活動であれば休憩を定期的に取り入れるようにします。

　代替行動への支援としては、作業中であれば「休憩したいです」と職員に伝えたり、「休憩カードを渡す」などを教えます。望ましい行動への支援として、本人に難しい作業や活動を求める場合には、シェイピングを使用してスモールステップで望ましい行動の形成を目指したり、課題分析によってどの単位行動が困難かを把握し、適切にプロンプトすることによって望ましい行動をチェイニングしていくことを目指します。場合によってはトークン・エコノミーを併用してもよいでしょう。

　結果への支援としては、望ましい行動や代替行動をした後は、褒めことばやご褒美となる物や活動の提示、あるいはトークン・エコノミーのトークンを提供します。ご褒美として休憩を設定してもよいでしょう。

　危機的介入としては、行動問題が強化されないように逃避の機能の行動問題の場合、別の居室に連れて行くことが、その行動を強化することになるかもしれません。そのため、もし周囲に危害の及ばない激しい行動ではない行動であれば、職員が条件を出してから休憩を許可するようにしましょう（無条件で休憩を許可しないこと）。もし、かなり激しい行動を示している場合には、やむを得ませんが別の居室に連れて行き、落ち着くまで待ちましょう。その後、課題や活動内容を見直すようにしましょう。もしどうしてもその活動をしなければならない場合には、環境設定やシェイピングなどの方法を適用しましょう。

◉行動問題が逃避・回避の機能を有している行動への支援例

予防的支援

- 簡潔で優しい指示への変更する

- 本人が好きな活動や楽しい活動を準備する

- 周囲の騒音などが苦手であれば、「静かな部屋やイヤーマフなどを準備」したり、「定期的に休憩を許可」したりする

- 苦手な作業や活動であれば休憩を定期的に取り入れる

望ましい行動や代替行動への支援

- 「休憩したいです」と職員に伝える

- 休憩カードを渡す

- 難しい作業や活動の場合は、シェイピングを使用する

- 課題分析やチェイニングを行なう

- トークン・エコノミーを併用する

望ましい結果に対する支援

- 褒めことばやご褒美となる物や活動の提示する

- トークン・エコノミーのトークンを提供する

- 休憩を許可する

危機介入

- 周囲に危害の及ばない行動であれば、条件を出してから休憩を許可する（無条件で休憩を許可しないこと）

- 激しい行動の場合、別の居室に誘導し、落ち着くまで待つ

- 計画の課題や活動内容を見直す。さらに環境設定やシェイピングなどを適用する

【行動問題が感覚の機能を有している場合】

　行動問題に感覚の機能があると言っても、行動によって様々な意味合いがあります。すなわち行動問題を起こすことによって、「①快刺激（気持ちの良い刺激）の獲得」をしているのか、あるいは本人特有の特性である「**②感覚低反応に起因した感覚探求**」の行動なのか、反対に「③体調悪化などが影響して、痛みやかゆみなどの嫌悪的な刺激を取り除く」ための行動なのか、もしくは本人特有の特性である「**④感覚過敏や感覚回避**」の行動なのかに分類されます。

　もしも行動問題がこれら感覚の機能を有している場合には、これらの行動の意味を明らかにするために機能的アセスメントと併せて、「**感覚プロファイル（SP）」によるアセスメント**を実施した方がよいでしょう。それらの結果を総合的に判断した上で支援計画を立案してみましょう。

　まずは、①快刺激を獲得する目的や②感覚探求を目的として行なっている行動の場合には、予防的支援として、基本的に余暇を充実させることが重要になってきます。なぜなら、快刺激の獲得を有している場合には余暇時間に何もすることがない場合が多く、適切な余暇の過ごし方が身についてないことが原因で生じていることが多いためです。本人の楽しみな活動を見つけることや、「空き時間に何をするのか」を選べるように選択肢（絵カードなど）を提示したり、何をするべきか分かりやすいように活動スケジュールを提示することが必要であると考えられます。さらに、本人の望ましい行動として、施設内の業務の簡単なお手伝いを取り入れることも有効であると考えられます。また、感覚探求と思われる行動を示している場合には、触ると刺激を獲得できるような玩具の使用（トランポリンなどの活動）を試してみるとよいかもしれません。

　反対に、嫌な刺激（痛みや苦しみなどの不快な刺激）を取り除くために行なっているようであれば、予防的な方法として医療的な対応が必要になってきます。また、不快な刺激を感じにくいような工夫も必要です。例えば「聴覚過敏であればイヤーマフや耳栓を使用する」「触覚過敏で特定の衣類を着ることができないのであれば違う衣類を用意する」「嗅覚過敏であれば、不快ではない香水をマスクにつける」などが考えられます。さらに、「職員に痛みを訴えられるような代替行動」を教えることも必要でしょう。

◉感覚の機能と感覚特性

	体調面	感覚特性
感覚を手に入れるため	感覚の獲得 （例：自慰行為、多飲水、異食や反すうによるのどごし）	感覚探求 （例：体を前後に揺らす。ぐるぐる回る、他者の臭いをかぐ、自傷行動）
感覚を取り除くため	不快な感覚の除去 （例：虫歯が痛くて頬を叩く、蚊に刺されたところが痒くてかく）	感覚過敏・感覚回避 （例：耳ふさぎ、ドアをしめる、物の位置などにこだわる）

◉行動問題が感覚の機能を有している行動への支援例

予防的支援

- 余暇を充実させる
- 本人の楽しみな活動を見つける
- 「空き時間に何をするのか」の選択肢（絵カードなど）をする
- 何をするべきか分かりやすいように活動スケジュールをする
- 医療的対応（不快な感覚が原因の場合）を行なう
- イヤーマフの使用（聴覚過敏）、衣類への配慮（触覚過敏）、マスクにかおりをつける（嗅覚過敏）、苦手な食事にマヨネーズを使う（味覚過敏）などを行なう

望ましい行動や代替行動への支援

- 施設内の業務の簡単なお手伝いを導入する
- 触ると刺激を獲得できるような玩具や物品の使用する
- 支援者に痛みを訴えられるような代替行動を教える

望ましい結果に対する支援

- お手伝いに対して強化（褒めことばやお礼）する

危機介入

- 静かな落ち着ける部屋に誘導する

2 支援について振り返る

（1）定期的に評価する（利用者の評価と支援員の評価）

　職員が支援計画を立案する際に、アセスメントして完全な支援計画を作り上げようとしても、最初からその支援がその利用者にうまくマッチするとは限りません。なぜなら、われわれは預言者ではないので完全に効果のある支援を最初から予測することは難しいからです。そのため、支援計画は修正しながら徐々に完璧に近づけていくと考えてもよいでしょう。

　支援の効果をどのように計ればよいのかは、大きく2つの視点で見る必要があります。それは利用者への支援が行動問題の軽減や望ましい行動の増加などに貢献したのかという「効果性」と、利用者への支援を職員が実行できたのかという「実行性」です。この効果性と実行性について、支援に関わった全ての職員に評価してもらう必要があります。支援の効果性は、支援の具体的内容について評価するものですので、行動支援計画の中で立案した具体的な手続きについて、それぞれ職員が主観で評価することになります。支援の実行性は、行動支援計画に記載されたそれぞれの支援の手続きについて職員が無理なく実行できたかどうかを評価してもらいます。なぜなら、いくら効果のある支援であっても一部の職員しか実行できなかったり、支援案の一部しか実行できなかったとしたら、支援の効果は低下してしまうからです。

　これらの評価を4件法（たいへん効果があった、効果があった、あまり効果がなかった、全然効果がなかった）や5件法（たいへん効果があった、少し効果があった、どちらでもない、あまり効果がなかった、全く効果がなかった）などの尺度で評価してもらうようにします。

　それぞれの職員に評価してもらった結果に基づいて、効果性や実行性の高い支援に関してはそのまま継続し、効果性や実行性が低い手続きに関しては、支援を効果があるものにしたり、職員が実行可能な支援に修正したりすることが必要になります。これらの評価や修正のサイクルは、少なくとも3ヵ月程度のサイクルで実施する必要があるでしょう。

●支援の実行性と効果性

支援の実行性	支援の効果性
・支援について、職員が実行できる時間を確保できたか ・支援について、職員が実行する上で難しすぎないか	・利用者への支援が行動問題の軽減に貢献したか ・利用者への支援が望ましい行動の増加などに貢献したか

●支援の評価の例

支援の実行性・効果性アンケート

回答日　２０〇〇年　　９月　　１０日　利用者名：ABC 様　　　　　　　　職員名：　DEF

◎以下の支援内容について、実効性と効果性それぞれの当てはまる数字に〇を付けてください。

・　支援を実行できたか（実行性）・・・5（すべて実行できた）4（ほとんど実行できた）、3（どちらともいえない）、2（ほとんど実行できなかった）1（全く実行できなかった）
・　支援の効果はあったか（効果性）・・・5（たいへん効果があった）、3（少し効果があった）、3（どちらともいえない）、2（あまり効果はなかった）、1（全く効果はなかった）

	支援内容	支援を実行できましたか？	支援の効果はありあましたか？	備考
1	ABC 様に一定時間ごとに声をかける	5・④・3・2・1	5・④・3・2・1	
2	ABC 様に余暇時間にお手伝い（タオルたたみ）をしていただく	5・④・3・2・1	5・④・3・2・1	
3	ABC 様１つひとつの日課（食事、着替え、排せつなど）を達成するたびにほめる	5・④・3・2・1	5・④・3・2・1	
4	ABC 様の不適切行動が起こったら、職員は不必要な声かけをしないようにする	5・4・③・2・1	5・4・③・2・1	
5	ABC 様の不適切行動が起こったら、他の利用者との距離を離す	5・4・③・2・1	5・4・③・2・1	
6	ABC 様が散歩に行くことができたら、自動販売機でジュースを買うことを許可する	5・4・③・2・1	5・4・③・2・1	

(2) 行動支援計画を修正する

　先述しましたが、行動支援計画は最初から完璧な計画を立案することはなかなか難しいです。そのため、実際に支援を実施して、その効果性や実行性について評価し、修正しなければなりません。

　例えば、「支援の効果性と職員の実行性がどちらとも低い」場合には、利用者に支援しても行動問題の軽減や望ましい行動の増加に効果は見込めません。職員にとって支援が難しい、あるいは多忙などの理由で実行できなかったことですから、可能であれば支援内容を変更するか削除する必要があるかもしれません。

　次に、「支援の効果性は高いが職員の実行性が低い」場合には、実行できた職員は一部のみで全ての職員が実行することは困難だったのかもしれません。その場合は、実行できた職員が他の職員に対して「支援の方法をどのように伝えるのか」を検討します。職員会議や支援手続きについて書面で掲示するだけではなく、支援に関するロールプレイなどを通して伝える工夫が必要でしょう。

　また、「効果性は低いが、職員の実行性が高い」場合には、支援に関しては職員が実行しやすい支援ではあったかもしれません。しかし、支援に関する効果が低いということですから、より効果がある支援に変更するか、アセスメントの段階で機能やその他の要因を誤っていた可能性も考えなければなりません。そのため、再アセスメントも視野に入れる必要があるでしょう。

　また、これらの評価とは別に、福祉における利用者支援の目的は「利用者の自立と社会参加」ですから、そのことが実現できる方向に計画を改善していく必要があります。つまり利用者が望ましい行動を獲得することができたら、あるいは行動問題を減らすことができたら終結というわけではなく、その利用者が自立に向けてどのような望ましい行動を支援すればよいかを常に検討するようにしましょう。その際に、利用者が将来希望していることや目標なども考慮に入れながら、場合によっては心理評価尺度（特に Vineland-Ⅱ）などの結果も参考にしながら望ましい行動を設定するとよいかもしれません。

●支援の評価から計画の再検討に向けて

支援の効果性と職員の実行性がどちらとも低い

- 利用者に対して支援しても行動問題の軽減や望ましい行動の増加に効果はない
- 職員にとって支援が難しい、多忙などの理由で実行できなかった
- 可能であれば支援内容そのものを変えるか削除する必要がある

支援の効果性は高いが職員の実行性が低い

- 実行できた職員は一部のみで全ての職員が実行することは困難だったの可能性
- 実行できた職員が実行できていなかった他の職員に対して「支援の方法をどのように伝えるのか」を検討する
- 職員会議や支援手続きについて書面で掲示するだけではなく、個別に支援に関するロールプレイなどを通して伝える

効果性は低いが、職員の実行性が高い

- より効果がある支援に変更する
- アセスメントの段階で機能やその他の要因が誤っていた可能性がある（再アセスメント）

●行動支援計画の PDCA サイクル

第6章

事例

つねりや便こねを示す男性への支援

対象者

　対象者は施設を入所利用をしている最重度知的障害を伴う自閉症の診断を受けた男性のアキラ（仮名）さん（20歳）です。アキラさんは話しことばは無く、コミュニケーションの手段はクレーン行動（職員の手を引っ張って連れて行く）と「手首と手首をトントンと合わせる」などのジェスチャーのみでした。一方、指示理解は日常生活に関する簡単な指示であれば可能でした。

　アキラさんの行動問題は「職員や他利用者の腹や腕をつねる」「職員や他利用者の腕に噛みつく」といった他害行動や、「自分の便を手でつかみこねる」という便こねが頻繁にみられていました。

機能的アセスメント

　アキラさんに関する情報を収集する目的で、職員などの関係者から機能的アセスメントを行なった後、職員会議で支援に関する意見交換を行ない、行動問題に関する記録も開始しました。その結果、「つねり」は、朝食前や昼食前などアキラさんが空腹時にあらゆる場所で起こっており、その頻度は1日あたり1〜3回でした。噛みつきは、つねり行動と同じように、朝食前や昼食前に場所や活動に関係なく起こっていました。噛みつきは、つねりがエスカレートして発展して起こることがほとんどでした。一方、便こねは、早朝や起床時、朝食前に居室やトイレで起こっており、頻度は2日に1回程度でした。さらに、便こねがエスカレートすると体や壁および床に便をなすりつけて塗りたくる行動に発展することもありました。便こねの後は、職員がアキラさんの体をシャワーで洗い流していました。

仮　説

　つねりや噛みつきなどの他害行動は、「職員からの強制的な指示や叱責を受けたとき」（指示からの逃避・回避の機能）、または、「食堂に行きたいなどの本人の要求が通らない場合」（要求の機能）であると推測されました。一方、便こねについては、感覚の機能や「シャワーを浴びたい」（要求の機能）、ある

●アキラさんが示していた不適切なコミュニケーション

つねり	・他者のおなかや腕などを赤くなるほど激しく指でつねる
噛みつき	・肩や腕などに歯形が残るほど激しく噛みつく
便こね	・排泄後、便を手でつかんでこねる

●アキラさんが示していた適切なコミュニケーション

クレーン行動
（職員の手を引っ張って連れていく）

手首をトントンと合わせる

いはシャワー後が笑顔だったため注目の機能も推測されました。

行動支援計画 ●━━━━━━━━━━━━━━━━━━━━━━━━━━━

1）ベースライン期（X年4月～X年5月）：アキラさんの行動問題が起こるたびに職員がABC記録を行ないました。

2）支援期Ⅰ（X年6月～X年8月）：支援計画を立て、職員が統一した支援が行なえるように計画書を職員に配り、会議で報告し職員室に掲示しました。

　他害行動への支援：職員は、「○○しましょう」など、アキラさんに柔らかい口調で話しかけるよう統一しました。もし、職員がつねられそうになったら、アキラさんの腕をとり、握手をすることでつねりを回避し、それでもつねりが起きた場合は、職員は強制的な指示や叱責を避けるなど、過剰に反応しないようにしました。さらに、アキラさんが望ましい行動をした後や、行動問題が起きていない場面では、「座って待つことができてえらいですね」などの言語賞賛を行ないました。

　便こねへの支援：便こねが暇つぶしの可能性であると考えられたため、アキラさんの好みの活動である「ラジカセで音楽を聴く」活動を1日に1回できるように確保しました。また、余暇時間中、すれ違うたびにアキラさんに笑顔で話しかけました。アキラさんが「外に行きたい」などのクレーン行動を示した場合は、職員が可能な限り応じるようにしました。もし、職員がどうしても対応できない場合は、例えば「着替えの時間なので、外に行けません」と言って、要求に応じられない理由をアキラさんに伝えました。また、週に3回の入浴日以外にも週に4回シャワーが浴びられる機会を設定しました。また、便こねの後は、アキラさんと職員が一緒に汚物の片付けを可能な範囲で行なうことにしました。

　支援期Ⅰの評価と修正：支援を開始してから3ヵ月経過した後、支援計画の評価と見直しを行なうために、職員全員（14名）にアンケートを配布し、支援の実行性と効果性、アキラさんの支援に関する新たな問題や実施上の問題点について回答してもらいました。

●アキラさんへの支援の流れ

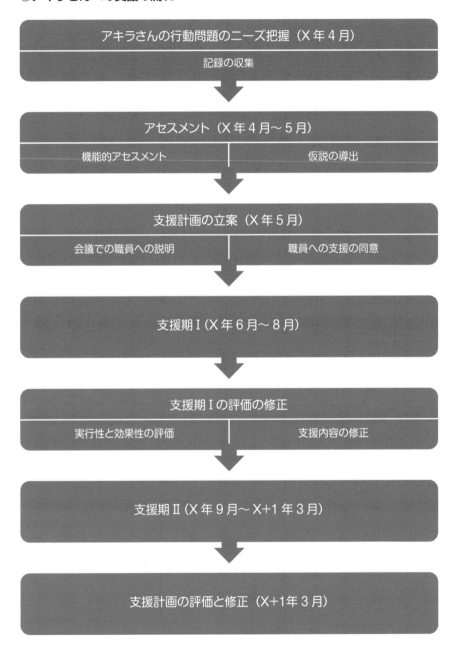

アキラさんの行動問題のニーズ把握（X年4月）

記録の収集

アセスメント（X年4月〜5月）

機能的アセスメント　｜　仮説の導出

支援計画の立案（X年5月）

会議での職員への説明　｜　職員への支援の同意

支援期I(X年6月〜8月)

支援期Iの評価の修正

実行性と効果性の評価　｜　支援内容の修正

支援期II(X年9月〜X+1年3月)

支援計画の評価と修正（X+1年3月）

●アキラさんの行動支援計画

記入日： X 年 ５ 月 ○ 日　　利用者： アキラさん

性別： 男　　　年齢： ２０歳　　記録者： 職員 A

行動問題が起きにくい活動や環境設定

● 職員が柔らかい口調で指示

● 食堂に入れる時間を教える

● 日課のスケジュールを支援する

望ましい行動などが起きやすい活動や環境設定

● （好みの活動）ラジカセで音楽を聴く

● ラジカセと課題を見せて選択させる

望ましい行動

● 絵カードによるコミュニケーション（PECS®）

代替行動 { 注目・要求・逃避（回避）・感覚 }

● 職員の手を引っ張って連れていくクレーン行動

【行動問題が維持しているABC】

きっかけ・状況 (A)	行動問題 (B)	結果 (C)
①強制的な指示・叱責、食堂に行くことを止められる ②排便	①つねり・噛みつき ②便こね	①指示からの逃避、食堂に行ける要求 ②便の感触・シャワーの要求

行動問題	①職員の腹部や腕をつねる　職員の腕に噛みつく	②自分の便をつかみ、こねる
機能	・逃避・回避、要求	・感覚、要求、※注目
予防的支援	・指示的・強制的にならずに、「○○しましょう」など、柔らかい口調で話しかける。 ・食事の時間を教える（食堂には入れない場合は理由を教える）。 ・次の活動の見通しがもてるように、日課スケジュールを使用する（スキル指導が必要）。	・夜間使用している居室のドアを起床時間の少し前から解放する。 ・1日に1回音楽鑑賞の時間を確保する。 ・入浴日以外にシャワーを浴びる機会を作る（※選択肢の1つとして用意）。 ※1時間ごとに排泄を促す。 ※声かけを頻繁に行なう。 ・便こねを見つけた段階で洗体や汚物清掃などの対応をとる。
望ましい行動・代替行動	・PECS®によるコミュニケーションを教える。	・利用者の前でラジカセと課題（何でもよい）を見せ、選択させる。 ・手を引き外に行きたいサインを見せたときには「外に行きたいんですね」と応え、可能であれば散歩に行く。行けない場合には理由を口頭またはサインで示す。
結果への支援	・指示に対して従った場合、必ず「よくできましたね」と褒める。 ※言語賞賛を行なう際には、同時に頭をなでたり、OKサインを示したりアキラさんが強化される方法を取り入れる。	・起床時、便こねがなかった場合には、ラジカセを持参し音楽を聴けるようにする。 ・一定時間ごとに笑顔で話しかける。 ※トイレに移動できた場合は言語賞賛を与える。 ※言語賞賛を行なう際には、頭をなでたり、OKサインを示したりアキラさんが強化される方法を取り入れる。
危機介入	・つねられた場合は過剰な反応を避け対応 ・つねられそうになったら、腕をとり握手 ・他利用者へのつねりは、他利用者から離れるように指示し、後ろから対応する	・支援者は叱責などを控え、強制的にならないように手洗いや洗体を行なう。 ※支援者が、過剰に反応せず、淡々と汚物を清掃する。

※は支援期Ⅱにおいて修正・追加した支援を示す

3）支援期Ⅱ（X年9月からX＋1年3月）：アンケートの結果をもとに支援計画の見直しを行ないました。

他害行動への支援：職員が起床を促すと、その場で自分のほほを叩いたり、居室から勢いよく飛び出し職員につねりかかったり噛みつくといった行動が見られたため、起床時への支援が求められました。その機能は、「まだ寝ていたい」という要求であると推測されました。そのため、アキラさんが寝不足である場合は、アキラさんを無理に起こしたり、トイレへ誘導したりすることをなるべく控えることにしました。また、アキラさんに言語賞賛を行なう際にアキラさんの頭をなでたり、OKサインを出したりするようにしました。また、コミュニケーションの指導として、具体物と絵カードのマッチングやPECSトレーニングを毎週1回20分ほど行ないました。

便こねへの支援：アキラさんへのシャワーの実施については、アキラさんにシャンプーの現物をみせるか、職員が「シャワー」と声を掛けてクレーン行動による要求が見られた場合のみ実施することにしました。汚物の清掃は、アキラさんが尿や便を床にすりこむように汚物を広げるようになったため、職員のみで清掃を行なうことにしました。さらに、トイレでの排泄を増やすため、職員が1時間ごとにトイレへの誘導を促し、トイレに移動できた場合は「よくできました」などとアキラさんを言語賞賛しました。

支援経過

支援期Ⅰ：職員が強制的な指示や叱責をやめ、やわらかな口調で話しかけることにより、アキラさんは他害行動まで至らないケースがみられるようになりました。しかし、スケジュールやPECS®については、マッチングが上手くできずに途中で断念してしまいました。一方、望ましい行動への言語賞賛に関しては、職員が言語賞賛しても、行動の頻度に変化はありませんでした。他害行動の頻度は、8月になると1回まで減少しました。アキラさんの音楽鑑賞による支援開始後すぐに、アキラさんのクレーン行動による要求が観察されるようになりました。また、シャワーの支援による便こねへの効果があまり感じられませんでした。

支援期Ⅱ：職員がアキラさんの要求に応じられない場合でも、理由を説明す

◉アキラさんの行動問題の推移（冨田・村本，2013より）

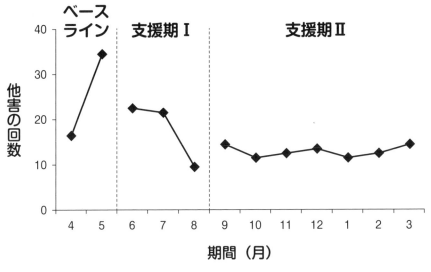

【毎月の他害行動の推移】

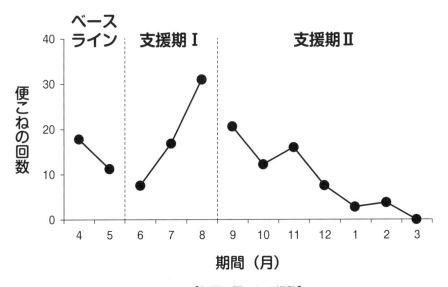

【毎月の便こねの推移】

ると、いったん職員から離れて我慢している様子が見られるようになりました。また、支援開始前と比べて、クレーン行動で職員を連れていく行動が頻繁にみられるようになりました。それに伴い他害行動も支援実施前に比べ減少し、穏やかに過ごせる時間が増えました。さらに、他害行動の強さも、職員が内出血するほど強くつねることがほとんどなくなりました。

アキラさんがトイレに移動できたときに職員が言語賞賛したことで、トイレでの排泄の成功例が増加しました。また、アキラさんが排便したとしても、職員が汚物を淡々と清掃し、便こねを確認した時点で素早く対応したことで、便の塗りたくりに発展するケースが減少しました。その後、起床時に自分からトイレに移動し排泄することが増えました。また、便器内に排便する成功例も増えました。

まとめ

アキラさんの行動問題が減少した要因として、①職員から強制的な指示を無くしたことでアキラさんにとって嫌な刺激が減少し、逃避を目的とした標的行動が減少したこと、②音楽鑑賞などのアキラさんの好きな活動を取り入れたこと、③クレーン行動での要求（代替行動）を職員が強化したことで相対的に標的行動の軽減につながったこと、④行動問題が起きた後に職員が過剰に反応せず淡々と対応を行なったことでアキラさんの苦手な刺激が減少したこと、⑤アキラさんが言語賞賛される機会が増加したことにより望ましい行動が増加したことなどが挙げられます。さらに支援の見直しにより、1時間ごとに排泄を促したことや汚物の清掃は職員が淡々と行なったことも効果的でした。

今後の課題として、職員がアキラさんの生活の質をさらに高めるために必要なことは何かを検討しなければなりません。現在の状態を維持しながら、行動問題の減少や望ましい行動の増加への効果をさらに高めるためには、アキラさんの日課そのものや選択の機会を増やすことが必要になってきます。そのために重要なことは、本人の嗜好や好みの活動を継続的に見つけ把握することでしょう。

※本事例は、特殊教育学研究に掲載された（冨田・村本［2013］）をわかりやすくまとめたものです。本事例の転載に関して、日本特殊教育学会からの承諾を得ています。

●アキラさんへの支援で効果があったこと

職員からの指示を
ソフトで簡潔に

好きな活動である
音楽鑑賞を導入

クレーン行動での
要求を強化

行動問題に
過剰に反応しない

言語賞賛の機会の増加

事例2　「次の活動を早く行ないたい」という要求のための行動問題をしていた利用者への予防的支援

対象者

　対象者は施設を入所利用している重度知的障害を伴う自閉症男性ケンゴ（仮名）さん（34歳）です。ケンゴさんは、「ここ、ここ」「わかた（わかった）」などの、1語文の話しことばのみ可能でした。一方、コミュニケーションの理解は、日中活動に係る職員からの指示であれば可能でした。さらに、行動面の特徴として、職員が散歩に出かける際に外に行くようにケンゴさんの手をつないだり、居室に入って着替えするように指示すると、一時的に床に座り込み大声をあげて拒否することがありました。しかし、職員が一緒に居室に入るとそのような拒否は見られませんでした。施設内の居室は外からは施錠できますが、居室の中から解錠はできませんでした。さらに、ケンゴさんは過去に、ある職員に居室に入れられ施錠されていたという情報を職員から聞くことができました。そのため、ケンゴさんが1人で居室に入った際に、外から職員に施錠され居室から出られなくなるのではないかと不安を感じ、1人で居室に入ることを拒否しているのではないかと思われました。

　ケンゴさんの行動問題として、他の利用者の身体を平手で叩く他害行動、壁や扉、柱などに頭部を何度も叩きつける自傷行動、さらにテーブルや椅子などを手で激しく何度も叩く妨害行動を示していました。

機能的アセスメント

　ケンゴさんの行動問題について職員から情報を聞いたところ、ケンゴさんは周囲に他利用者や職員がいたときに、肩や背中、頭部を強く叩く他害行動が起こっており、周囲に人がいないときには壁や扉などに頭を激しく叩きつける自傷行動が起こっていました。行動問題が起こる場所は、作業開始前の待ち時間では居住棟の扉付近で起こり、入浴までの待ち時間には風呂場への扉付近で起こっていました。しかし、入浴が終了した後は、ケンゴさんの行動問題はほとんど起こっていませんでした。

　一方、ケンゴさんの行動問題は、職員がケンゴさんから見える位置にいると

228

●ケンゴさんが示していた行動問題

他者を平手で叩く

壁などに頭部を打ち付ける

テーブルや椅子などを
何度も叩く

●衣類や靴下への執着

靴下を何枚も
重ねばきしていた

ケンゴさんは衣類や靴下に対して様々な行動を示していた

きに起こることもありました。職員が他利用者の支援などによりケンゴさんから見えない位置に移動した場合には、ケンゴさんはわざわざ職員が見える位置に移動し他利用者への他害行動が起こっていました。ケンゴさんの行動問題をやめさせるために職員は声かけを行なったり他利用者を避難させたりする対応を行なっていましたが、ケンゴさんの行動はさらに激しくなっていました。また、このようなケンゴさんの行動の多くは余暇時間に起こっていました。

仮　説

　ケンゴさんの行動問題は、余暇時間において「次の活動が早く始まることを要求する目的」で起こっており、「職員が次の活動場所に移動する許可を与えること」で維持されていると推測されました。あるいは、余暇時間に「他害などの行動問題を起こすことによって職員からの注目を得る」ことで維持されていると推測されました。

行動支援計画

　以上の仮説に基づいて、支援計画を立案しました。その中で、ケンゴさんの余暇時間や職員からの注目が得られていないときに衣類の選択を中心とした介入を検討しました。実はケンゴさんは、入浴後の靴下を選ぶ際に、様々な靴下の入った箱の中から自分の好みの靴下を手に取る行動が見られたり、上着を重ね着したり、居室のタンスを頻繁にのぞく行動が見られていました。さらに、他利用者の居室のタンスから衣類を盗って、その衣類に着替える行動が見られることもありました。そのため、ケンゴさんの好みである衣類をあらかじめ選択させることで満足感を得ることができ、行動問題が起こりにくくなるのではないかと推測されました。そこで、ケンゴさんの余暇時間に衣類を提示して選択させることを中心に支援計画を立案しました。

支援の流れ

1) ベースライン（X年7月1日～X年7月21日）：ケンゴさんの行動問題について全職員が3週間にわたって記録を行ないました。行動問題に対する特別な支援は行なわずに職員各々の判断に一任しました。また、ケンゴさんに対して、靴下や衣類の提示および、それに関するプロンプトはいっさい行ないませんでした。ただし、朝礼（9：00）の際に靴下を1足のみ提示しました。

●ケンゴさんへの支援の流れ

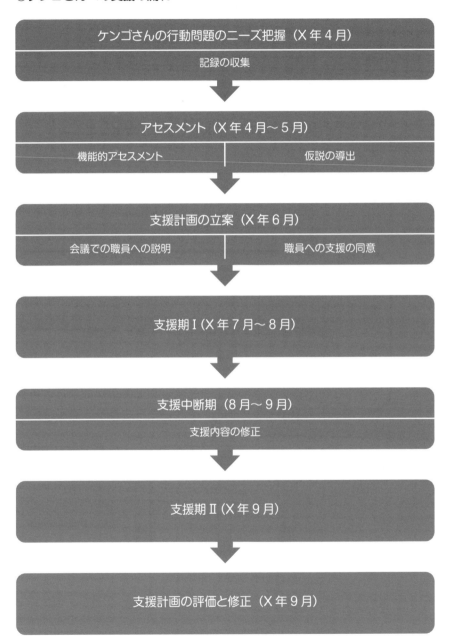

●ケンゴさんの行動支援計画

記入日： X年 6月 ○日　利用者： ケンゴさん

性別： 男　　年齢： 34歳　　記録者： 職員B

行動問題が起きにくい活動や環境設定

● 衣類のロッカーの解錠

望ましい行動などが起きやすい活動や環境設定

● 靴下と衣類をあらかじめ準備しておく

望ましい行動

● 次の活動まで待つことができるように余暇活動を行なう

代替行動 《注目・要求・逃避（回避）・感覚》

● 「くつした」と言って職員に要求

【行動問題が維持しているABC】

きっかけ・状況 （A）	行動問題 （B）	結果 （C）
①周囲に人がいる ②周囲に誰もいない、次の活動の待ち時間	①他者を平手で叩く ②壁に頭部を打付ける、テーブルや椅子を叩く	①他者からの注目獲得 ②次の活動への許可

行動問題	①他者を平手で叩く ②壁に頭部を打付ける、テーブルや椅子を叩く
機能	・注目 ・次の活動の要求
予防的支援	（介入期Ⅰ） ・ケンゴさんが靴下を自由に選択できるように色やデザインの異なる靴下をあらかじめ12足準備し箱に入れて提示
	（介入期Ⅱ） ・あらかじめ色やデザインの異なる靴下を40足用意し、箱に入れる。 ・近くにケンゴさんからの被害にあいやすい他利用者がいるときや興奮してドアや壁に対する叩きなどの前兆行動があったときにも、箱入りの靴下を提示 ・上着とズボンを合わせて25着追加 ・ケンゴさんの居室およびロッカーは解錠
望ましい行動・代替行動	（介入期Ⅰ） ・職員が「靴下はく？」とプロンプトする。
	（介入期Ⅱ） ・ケンゴさんが衣類交換も自分でできるように居室に誘導する支援も実施した。
結果への支援	（介入期Ⅰ） ・「靴下」や職員の手を引っ張るなどの自発的な要求行動を示した場合には、要求された職員は言語称賛する。
	（介入期Ⅱ） ・ケンゴさんが自発的に要求した場合にはその要求行動を強化し、すぐに靴下入りの箱を提示した。
危機介入	（介入期Ⅰ～Ⅱ） ・叩かれた他利用者とケンゴさんとの距離を確保し、ケンゴさんに次の日中活動について伝えた。 ・さらに職員が「靴下はく？」とプロンプトし靴下の入った箱を提示した。

2）介入期Ⅰ（X年7月22日〜X年8月11日）：ケンゴさんが靴下を自由に選択できるように、色やデザインの異なる靴下をあらかじめ12足準備し箱に入れて提示しました。具体的には、ケンゴさんの余暇の時間帯や、職員に近づいてきたときに提示しました。①時間帯は朝食後から作業場所への移動開始前（およそ8：00〜9：00）、②作業場所から帰園してから昼食開始前（およそ10：30〜11：00）、③昼食後から作業場所への移動前（12：00〜13：00）、④作業場所から帰園し入浴開始前（14：00〜14：30）の時間帯としました。もしケンゴさんの行動問題が起こったら、叩かれた他利用者とケンゴさんとの距離を離し、ケンゴさんに次の日中活動について伝えました。さらに職員が「靴下履く？」と言語プロンプトし靴下の入った箱を提示しました。ケンゴさんが「くつした」とことばを発したり、職員の手を引っ張るなどの要求が見られた場合には、職員は言語称賛し、すぐに靴下の入った箱を提供しました。

3）支援中断期（X年8月17日〜X年9月1日）：支援の効果を検証するために、これまで行なってきた支援を一時的に中断しました。すなわち、職員は靴下が入っている箱自体を撤去し、ケンゴさんからの要求には一切応えず、靴下に関するケンゴさんへのプロンプトはいっさい行ないませんでした。ただし朝礼時には靴下を1足だけ提示しました。

4）介入期Ⅱ（X年9月2日〜X年9月22日）：あらかじめ色やデザインの異なる靴下を40足用意し、箱に入れておきました。ケンゴさんが自分から靴下を要求した場合にはすぐに靴下入りの箱を提示しました。また、近くにケンゴさんの被害に遭いやすい他利用者がいたり、興奮してドアや壁に対する叩きが見られた場合でも、箱入りの靴下を提示しました。また、ケンゴさんが衣類交換も自分でできるようになるべく居室に誘導しました。さらにこれまでの衣類に加えて上着とズボンを合わせて25着追加しました。ケンゴさんは職員が居室に誘導する際に1人で居室に入ることに拒否していたため、職員が居室のロッカーまで同行し、ケンゴさんが衣類を選択して着替えるまで同席することにしました。その後、ケンゴさんが居室に1人で入ることに拒否しなくなってきたら、職員は居室の外のドア付近に立ち、ケンゴさんが衣類を選んで着替

●ケンゴさんの行動問題の頻度の推移（村本・角田，2014より）

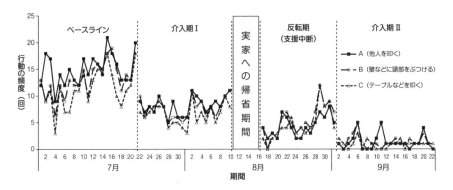

えるまで待機しました。ケンゴさんの居室およびロッカーはこれまで他利用者から衣服や物品を盗まれることを予防するために施錠していましたが、ケンゴさんがいつでも居室に出入りして衣類の着替えができるように解錠しておくことにしました。

支援経過

　支援を始める前は行動問題の頻度が高かったのですが、介入期Ⅰに入ると行動問題が軽減してきました。いったん支援を中断すると徐々に増加していきました。しかし介入期Ⅱに入ると再びケンゴさんの行動問題は軽減しました。

　ケンゴさんへの介入期Ⅰが始まったときには職員からの声かけに対しても一向に応じようとせず、職員が靴下入りの箱をケンゴさんの目の前に差し出しても手で払いのけていました。また、要求の頻度も多く、靴下を選ぶ際も毎回同じ色やデザインのものを選んでいました。しかし、日ごとに異なる色のものを選択できるようになり行動問題も減っていきました。また、ケンゴさんが特定の職員を見つけるとすぐに近づき職員の手を握ってタンスの扉を開けるように要求する行動が見られるようになりました。一時的に介入を中断したときにも、以前のように激しい行動問題は見られませんでした。

　介入期Ⅱ当初は、衣類の選択をする際には1人で居室に入ろうとしませんでしたが、職員が「大丈夫だよ」「一緒に行こう」などと声を掛け、衣類が収

納されているロッカーまで付き添ったところ、徐々に1人で居室に入り衣服を選んで着替えることができるようになりました。さらに、支援開始前は職員が「お薬だよ」と声を掛けても、ケンゴさんはその声に反応しませんでしたが、介入期Ⅱでは、「お薬だよ」という職員の声かけに対して、ケンゴさんが「おくすり」とはっきりとことばで返すことができるようになりました。

まとめ

　本事例でケンゴさんの行動問題の原因は、ケンゴさんが次の活動を行なうまでの待ち時間において何をすればよいか分からないことがあったと考えられます。そこでケンゴさんにとっての好みの刺激である靴下や衣類を提示して選択させることにより、行動問題への動機付けを低下させることができました。さらに、ケンゴさんの要求が満たされるのと同時に言語称賛などの強化を職員から頻繁に受けることによって、行動問題の頻度が低く抑えられたと考えられます。

　支援開始前はケンゴさんの行動問題によって、他利用者や職員との関係が悪化しており、ケンゴさんの要求は通りにくくなっていました。しかし介入後は、行動問題の軽減だけでなく、職員への要求行動が増加することで職員からの注目を獲得でき行動問題もさらに軽減したと考えられます。

　今後の課題として、ケンゴさんの日中活動において「次に実施する活動を行ないたい」という要求を充足できるような支援（例えば、活動スケジュールによる支援）を実施することや、支援に関して職員間の連携を高めること、さらなる生活の質の向上のために、選択のみならず、他者との関わりや好みの活動の機会の導入すること、さらにインクルーシブ場面への参加機会を与えることが必要でしょう。

◉ケンゴさんと職員との関係性の変化

支援開始前

・ケンゴさんは職員のことを警戒しており、あまり近づかなかった

支援後

・ケンゴさんの方から近づいて職員に要求するようになった

◉ケンゴさんの生活上の変化

靴下の選択の幅が広がった

・介入後しばらくして、ケンゴさん自身がいろいろな色の靴下を選ぶことができるようになった

職員への要求の増加

・タンスの扉を開けてほしいときなどに職員の手を握って要求するようになった

居室に入ることに抵抗がなくなった

・徐々に1人で居室に入ることができるようになった

職員とのコミュニケーションの増加

・「お薬だよ」という職員の声かけに対して「おくすり」と返事できるようになった

事例3　尿漏らしなどの行動問題を示す知的障害女性への支援

対象者

　対象者は施設を入所利用している最重度知的障害を有する女性ヒロコ（仮名）さん（30歳）です。ヒロコさんは皮膚病を患っており、処方された塗り薬を入浴後に全身に塗布する必要がありました。ヒロコさんからのコミュニケーションは、「パパくる」などの2語文を話すことができました。また、日常生活についても食事、排泄、着脱、入浴も含めたほとんどが自立していました。しかし、物の位置に対するこだわりが強い場合があり、その影響からかスムーズに次の行動に移せず、特に着替えには多くの時間を必要としていました。ヒロコさんは日中の時間帯においては、作業などの活動にはいっさい従事しておらず、食事や睡眠、入浴などの決められた日課以外の時間帯は、特に何もするようなことがない時間帯がほとんどでした。

　ヒロコさんの行動問題は、「自分の尿を自分の体や衣類、シーツにつける」「自分の髪を水で濡らす」「大声を出す」「盗食」「反芻」「物を置く場所へのこだわり」「自傷」「珈琲などの飲み物を服にこぼす」「放尿」など様々でした。

機能的アセスメント

　母親や施設職員から、機能的アセスメントを実施して情報収集しました。ヒロコさんの行動問題は非常に多岐にわたっていましたが、職員や母親からのニーズが大きい「衣類や自分の皮膚に自分の尿をつける」「物や自分の髪を水で濡らす」「大声を出す」の3つを標的行動としました。「衣類や自分の皮膚に自分の尿をつける」は、ヒロコさんが着ている衣類などに直接排尿して濡らしたり、排尿した尿を手で自分の皮膚に塗る行動であり、朝の起床後すぐの時間帯や、朝食後または昼食後の時間帯に居室やトイレで起こっていました。この行動が起こるときは、職員が見ていないときや、ヒロコさんが1人でいるときでした。職員はヒロコさんが尿で濡らしている様子を見つけたときや、すぐに口頭で注意して止めさせていました。さらにヒロコさんの体から尿の臭いがしたときには、口頭で注意していました。職員から注意された後のヒロコさ

◉ヒロコさんが示していた行動問題の中から標的にした3つの行動

自分の尿を自分の体や衣類、
シーツにつける

自分の髪を水で濡らす

大声を出す

◉ヒロコさんが示していたそれぞれの行動問題の機能

「自分の尿を自分の体や衣類、シーツにつける」	感覚刺激の獲得
	注目の獲得
「自分の髪を水で濡らす」	感覚刺激の獲得
	注目の獲得
「大声を出す」	指示からの逃避
	注目の獲得

んの表情はニヤニヤと笑っていました。

「物や自分の髪を水で濡らす」行動とは、水道水を出して直接ヒロコさんのの髪や衣類、あるいは他利用者の衣類を水道水で濡らす行動でした。この行動は、朝食後の空き時間や余暇時間に主に洗面台で起こっていました。この行動も職員が見つけ次第、ヒロコさんを口頭注意して対応していましたが、ヒロコさんはニヤニヤと笑っていました。

「大声を出す」行動は施設内に響き渡るぐらい大きな金切声で、寝ているとき以外の時間帯であればいつでも起こっていました。この行動は、職員から次の活動への指示を受けたときや、ヒロコさんが「ママくる」などと何度話しかけても職員が話しかけに応じなかった場合に起こっていました。この行動の後の職員の対応はヒロコさんに対して静かにするように叱責していました。職員に注意された後は、長くても1時間程度は大声を出すことはなくなるのですが、時間が経って再度職員から指示を受けたり、ヒロコさんの話しかけに職員が応じないようなことがあると、その行動は再び起こっていました。

仮 説

「衣類や自分の皮膚に自分の尿をつける」は、職員が見ていないときあるいはヒロコさんが1人のときに起こっていたため、尿を皮膚に塗りつける感覚によって強化されている可能性が考えられました。さらに叱責された後にヒロコさんが笑っていることが見られたことから、職員の注目による強化の可能性も考えられました。同じく、「物や自分の髪を水で濡らす」行動も同様に感覚や注目によって強化されている可能性が考えられました。一方、「大声を出す」は、職員からの指示されたときや、職員に話しかけても応じてもらえなかったときに起こっており、指示からの逃避や注目の機能の可能性が考えられました。

行動支援計画

著者と施設職員が協働で第一次支援計画を作成し支援を開始しました。また、支援期間中に著者による職員へのスーパーバイズを週に1回1時間程度行ないました。

1) 介入期Ⅰ（X年7月中旬～X＋1年1月末）:「自分の尿で自分の皮膚や衣類を濡らす」行動は感覚強化されていたため、前もって感覚刺激を得ること

ができるように、主治医に確認した上で皮膚薬の塗布を1日1回から1日3
回一定時間ごとに実施しました。さらに皮膚薬はヒロコさん自身が自分で皮膚
薬を塗るようにし、上手に皮膚薬を塗ることができたら言語賞賛しました。さ
らに、何もすることがない時間帯を考慮してヒロコさんの好みの活動であるお
絵かきの時間を設定しました。一方、ヒロコさんが自分の尿を皮膚や衣類に塗
りつけても、職員は注目や叱責を行ないませんでした。

　次に「自分の髪や物を水で濡らす」行動は注目によって強化されていたと考
えられたため、職員がヒロコさんとすれ違うときや一定時間ごとに職員はヒロ
コさんに対して何らかの声をかけ、言語賞賛をしました。また、モップがけや
洗濯物干しなどのヒロコさんが実行可能なお手伝いをしてもらい、実施できれ
ば職員は即座に言語賞賛しました。一方、ヒロコさんが洗面台で自分の髪や物
を濡らしている状況を見つけたときには、職員は特に叱責することなく、洗面
台を拭いてもらうように淡々と指示をしました。

　「大声を出す」行動への支援は、指示からの逃避の機能と推定されたため、
職員はヒロコさんに対して指示するときに感情を込めずに簡潔に行なうことに
しました。また、ヒロコさんからの話しかけに対して職員が反応しないことで
生じる消去バーストを防ぐ目的で、職員は応じられる範囲で反応することにし
ました。また、ヒロコさんが大声を出さずに静かにできているときには「ヒロ
コさん静かにできてお利口ですね」などと言語賞賛しました。

2) 介入期Ⅱ（X＋1年2月初旬～X＋1年7月）：第一次支援計画に関する
職員からの実行性と効果性に関するアンケート結果に基づいて支援計画の見直
しを行ないました。ヒロコさんへのお絵かきの時間の設定は、ヒロコさんが全
くお絵かきを実施しなかったため中止し、ヒロコさんのもう1つの好みの活
動であるCDラジカセによる音楽鑑賞の時間を設定しました。さらに、ヒロ
コさんに皮膚薬を渡すと薬の中身を全部出してしまい実施が困難であったため
中止し、皮膚薬は基本的に職員が塗ることにしました。さらに、ヒロコさんが
お手伝いを実行できた場合には、職員に記録するように依頼しました。

3) 維持の測定（X＋2年6月～7月）：介入期Ⅱ終了後、筆者は施設職員に
対しての支援計画に関するアドバイスを一旦終結しました。その後、1年が経

●ヒロコさんの行動支援計画

記入日： Ｘ年 ７月 ○日　　利用者： ヒロコさん

性別： 女　　　年齢： ３０歳　　記録者： 職員Ｃ

行動問題が起きにくい活動や環境設定

- 職員が普段から話しかける
- 皮膚薬の定期的な塗布
- 柔らかい簡潔な指示

望ましい行動などが起きやすい活動や環境設定

- 好みの活動であるお絵かきを設定する

望ましい行動

- お手伝いをする

代替行動 (注目)・要求・逃避（回避）・感覚

- 皮膚薬を自分で塗る

【行動問題が維持しているABC】

きっかけ・状況 （A）	行動問題 （B）	結果 （C）
①朝の起床後	①衣類を尿で濡らす	①②濡れる感覚や職員からの叱責
②ヒロコさんが１人	②髪を水で濡らす	
③職員から指示	③大声を出す	③職員の指示からの逃避

行動問題	自分の尿で自分の体や衣類を濡らす	自分の髪や物を水で濡らす	大声を出す
機能	・感覚、注目	・感覚、注目	・逃避、注目
予防的支援	・一定時間ごとに皮膚薬を塗る。 ・好みの活動であるお絵かきを設定する（**介入期Ⅱでは削除し、音楽鑑賞に変更**）。	・ヒロコさんとすれ違うときや一定時間ごとにヒロコさんに対して褒めことばを与える。	・強制的で強い指示ではなく、柔らかく優しく指示をするようにする。
望ましい行動・代替行動	・ヒロコさんが皮膚薬を自分で塗る（**※介入期Ⅱでは削除**）。	・「洗濯物を干す」「モップがけをする」などのお手伝いを支援する（ただし、無理強いするのではなく、本人ができる範囲でよい）。	
結果への支援	・上手に薬を塗ることができたら言語賞賛を与える。	・お手伝いができたら言語賞賛する。	・ヒロコさんの話しかけに対して、職員は反応できる範囲で反応する。 ・ヒロコさんが静かにしているときに褒めことばを与える。
危機介入	・特に注目や叱責をしない。	・特に叱責せず、洗面台を拭いてもらう。	・大声を出した後、注目したり叱責したりしないようにする。

過したＸ＋２年６月より改めて行動問題の記録を施設職員に依頼しました。

支援経過

　ヒロコさんの行動問題は介入期Ⅰ 16 週目から減少傾向がみられ、さらに19 週目以降から確実に減少していきました。

　介入期Ⅱに入ると一時的に行動問題が増加しましたが、翌週から再び減少しました。さらに１年後（維持期）のデータを改めて見てみると、「物や髪を水で濡らす」「大声を出す」行動は全く起こっていませんでしたが、「自分の尿で皮膚や衣類を濡らす」行動は起こっていました。一方、ヒロコさんのお手伝い行動は全く起こっていませんでした。

　その後、Ｘ＋２年６月に職員から意見を聞くことができました。職員からは「以前と比べてヒロコさんは静かになったと思う」「パニックを起こす回数が減少した」「職員からの指示によく従うようになった」「笑っている表情をよく見るようになった」「衣類の着替えが早くなった」など前向きな意見を聞くことができました。さらにＸ＋２年４月からヒロコさんへの作業活動が導入され、ペグさしやペンのキャップをはめるなどの作業を行なっているとの報告を受けました。しかしお手伝いに関しては、Ｘ＋２年４月頃からヒロコさんが洗濯物干しの手伝いを行なっている際に、食べた物を洗濯物の中に吐きだすという反芻が見られるようになったため、お手伝い自体を中断しているという報告を受けました。

まとめ

　「尿で自分の皮膚や衣類を濡らす」への支援は、この行動が注目の機能もあると推測されたため、薬を塗ることができたら言語賞賛を行なうことにしたところ、これによって十分に注目が得られることで強化され、この行動の軽減につなげることができました。

　「自分の髪や物を水で濡らす」行動も同じく感覚によって強化されており、支援案としては洗濯物干しやモップがけなどのお手伝いをしてもらうことにしました。さらにお手伝いができたら職員が言語賞賛を行ないました。また、この行動が起こっても職員は大げさに反応せず、強制的な指示ではなく濡れた洗面台を拭くように淡々と指示したことも効果を上げた要因でしょう。

●ヒロコさんの各問題行動の頻度とお手伝いの頻度の推移
（村本，2014より）

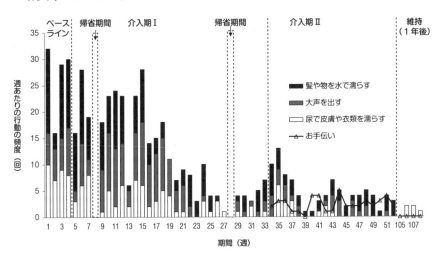

「大声を出す」行動は、職員の指示からの逃避の機能であると推測されたため、職員が強制的ではなく柔らかな指示をしました。その結果、嫌な指示を繰り返し受ける必要がなくなり、逃避の行動が起こりにくくなりました。

　また、本事例では第一次支援終了後、支援に関する実行性と効果性について施設職員に評価を依頼しました。このような評価は、職員が支援に対して客観的視点で捉えることができたため支援計画を改善するうえで有用でしょう。

　今後の課題として、維持期においてヒロコさんのお手伝いが持続していなかったことです。これは、筆者によるコンサルテーションが中断したことと、職員の配置転換で継続的に効果的な支援を維持させることができなかったことが原因であると考えられます。もし職員や利用者の生活の質を高めるニーズが達成されていないのであれば、専門家によるコンサルテーションを継続することも必要でしょう。

※本事例は、障害科学研究に掲載された（村本［2014］）をわかりやすくまとめたものです。
　本事例の転載に関して、障害科学学会からの承諾を得ています。

約束カードの使用により他害を示していた利用者への支援

対象者

　対象者は入所施設を利用している重度知的障害を伴う自閉症男性のタカシ（仮名）さん（20歳）でした。タカシさんは音声による日常会話もある程度可能でした。また、ひらがなやカタカナの読み書きも可能でした。日中活動は午前、午後とも施設内の作業班において、ペグ指しやパズル、キャップ指しなどをスケジュールやパーティションなどで構造化された作業室で行なっていました。

　タカシさんの行動問題は、「職員や他の利用者の腕を、跡が残るほど強く噛む」「手で何回も自分の頭を激しく叩く」「つばを吐きかける」「他の利用者や職員に向かって物を投げる」「物をへこませたり破壊する」「外に聞こえるくらい大声で騒ぐ」といった様々な行動を示していました。

機能的アセスメント

　X年12月に機能的アセスメントを実施しました。タカシさんの行動問題のきっかけは職員でもよく分かっていないようでした。さらに職員の対応としては行動問題が起こった後にタカシさんを押さえ、冷静になるまでなだめるなどの事後的な対応がほとんどでした。そのため、実際にタカシさんの行動問題の軽減のための支援には至っていないようでした。タカシさんの行動問題は好きな事物や活動を獲得したいときや、リビングルームや食堂にいる利用者や職員などが騒がしいときに起こりやすいようでした。

　また、行動観察の結果、攻撃行動は主に利用者や職員との関わりがあるときに起こりやすいことが分かりました。例えば、タカシさんが入浴後に髪を乾かしたかったが、他の利用者が使用していたため、職員はタカシさんに順番を待つように指示をしたところ、その職員の腕や頭への噛付きが見られました。

仮説

　タカシさんはやりたい活動を拒否されるなど、欲しい物が手に入らないときに、行動問題を起こした結果、欲しい活動や物が手に入ることで維持されていると考えられました。またタカシさんは、周りの人の騒がしさが行動問題の直

●タカシさんの不適切なコミュニケーション

職員や他の利用者の
腕を、跡が残るほど
強く噛む

手で何回も自分の頭を
激しく叩く

つばを吐きかける

他の利用者や職員に
向かって物を投げる

物をへこませたり
破壊する

外に聞こえるくらい
大声で騒ぐ

●タカシさんの望ましい行動

話しことばによる
コミュニケーション可能

ひらがなやカタカナによる
文字の読み書き

●タカシさんの行動支援計画

記入日：　　　 X年 12月 　○日　　　 利用者：　タカシさん

性別：　男　　　　 年齢：　20歳　　　 記録者：　職員D

行動問題が起きにくい活動や環境設定

● 周囲が騒がしいときは自分から居室に行ってもよいことを伝えておく

● 攻撃行動をしなかったら好きな物が獲得できるルール設定

望ましい行動などが起きやすい活動や環境設定

● 職員とお話しできたら好きな物を獲得できるルール設定

望ましい行動

● 自分から居室に行って休憩する

　　　 代替行動 { 注目・(要求)・(逃避（回避))・感覚}

● 職員とお話しする

【行動問題が維持しているABC】

きっかけ・状況 (A)	行動問題 (B)	結果 (C)
①他利用者や職員が多く、騒がしい ②好きな物が獲得できない	①②大声で騒ぐ物を壊す、他者を叩く、噛みつく、つばを吐く	①騒がしい人や音から逃避 ②好きな物の獲得

248

行動問題	大声で騒ぐ、物を壊す、他者を叩く、噛みつく、つばを吐くなどの攻撃的行動
機能	逃避、要求
予防的支援	（介入期Ⅰ） ・職員が約束カードの内容を説明する。 ・代替行動を行なうきっかけとなるように、タカシさんに約束カードを携帯させる。 ・周りが騒がしいようなときには、職員が対象者に部屋に入るように口頭で促す。 ・タカシさんの表情が優れないときや、行動が落ち着かないときは約束カードに記載してある約束に、タカシさんが注目するようにプロンプトする。 （介入期Ⅱ） ・約束カードの継続的な使用
望ましい行動・代替行動	（介入期Ⅰ〜Ⅱ） ・職員と楽しくお話しする（約束カードの約束に記載する）。 ・その日の就寝前に対象者が行動問題を起こさなかったかどうかを一緒にチェックする。
結果への支援	（介入期Ⅰ〜Ⅱ） ・対象者が職員に話しかけたら、すかさず話に応じる。 ・約束カードの約束（標的行動）を達成できたら、シールがもらえる。
危機介入	（介入期Ⅰ〜Ⅱ） ・イライラしている様子が見られたら、居室に行くように促す。 ・近くにいる利用者を避難させ、男性職員が対応する。

接のきっかけになっているようでした。

行動支援計画 ●

　行動問題のきっかけへの支援として、タカシさんは他者の話し声や大きな音に対する感覚過敏性があり、それらの音が行動問題を誘発する可能性がありました。そのため、タカシさんの独り言が増えたり動きが激しくなったりするなどの前兆行動が見られた場合には、職員がタカシさんに「タカシさんお部屋に入ってお休みする？」などとその場所から離れられるように促しました。また、タカシさんの代替行動を「職員と楽しくお話しすること」とし、職員がタカシさんから話しかけられたら、すぐにその話に笑顔で応じることとしました。

　またタカシさんの行動問題は要求の機能が考えられたため、支援法として行動契約法を適用することにしました。具体的には、職員が「もし○○したら、○○がもらえる」というルールと約束（標的行動）が書かれた「約束カード」について口頭で説明しました。また、対象者の表情が優れないときは、職員が約束カードに記載してある約束（標的行動）に注目するようにプロンプトすることにしました。また、その日の就寝前にタカシさんが行動問題を起こさなかったかどうかを一緒にチェックし、約束を達成できたら職員からシールがもらえることにしました。

1）ベースライン期（X年12月〜X＋1年1月）：タカシさんの日常的な行動問題の生起について職員が観察記録を実施しました。タカシさんの行動問題に対する特別な支援は行ないませんでした。

2）介入期Ⅰ（X＋1年2月）：行動契約法で使用する約束カードは激しい行動問題が起こった後などに断続的に使用しました（使用しない期間が何日かありました）。また、対象者が最初から3つも約束（標的行動）があると混乱を招く可能性が考えられたため、約束は「大声を出してさわぎません」「人を叩きません」「くすりをのみます」の中から1つのみとしました。約束の選択は、タカシさんの前週までの行動問題の中で比較的多く生起し、かつ減少することが望ましいと考えられた標的行動について約束カードに記載しました。

3）介入期Ⅱ（X＋1年3月〜7月）：この時期から約束カードを継続的に使用することにしました。また、約束も1つから2つに増やし、行動問題とと

●約束カード

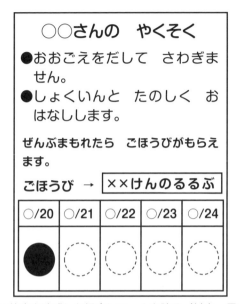

○○さんの　やくそく

●おおごえをだして　さわぎません。

●しょくいんと　たのしく　おはなしします。

ぜんぶまもれたら　ごほうびがもらえます。

ごほうび　→　××けんのるるぶ

○/20	○/21	○/22	○/23	○/24
●				

日付の下の空欄に約束を達成した場合にシールを貼る（村本・園山，2008より）

●ごほうびメニュー表

○○さんのごほうびメニュー								
チョコレート	●	●	●	●				4
カップラーメン	●	●	●	●	●			5
カップやきそば	●	●	●	●	●			5
コーラ	●	●	●	●	●			5
るるぶ	●	●	●	●	●	●	●	7
マップル	●	●	●	●	●	●	●	7

・ほしいものがあったら、しょくいんに はなしてね！

・シールがあつまるように がんばろうね

●は、ごほうびをもらうために必要なシールを示している（村本・園山，2008より）

もに望ましい行動も約束の中に含めることにしました。また、タカシさんの余暇時間において、タカシさんと楽しく会話をすることができたかどうかの記録をとることにしました。

支援経過

ベースラインでは、タカシさんは怒鳴り声を出したり、他の利用者や職員を叩くなどの行動問題自体も激しく、職員1人ではなかなか止めることは難しい状況でした。介入期Ⅰに入ると、実施された日においては行動問題が全く起きませんでしたが、実施しなかった日は再び行動問題が起きていました。一方、介入期Ⅱでは、これまでと比べて行動問題が大幅に減少しました。

介入開始後、タカシさんは約束カードの使用に関して積極的な様子を示しました。介入期Ⅰにおいて、約束カードの使用を中断していたときには、タカシさん自ら「○○（ご褒美の物品の名前）がほしい」「約束カードをやりたい」などと職員に訴えてくる様子が見られました。また、介入期Ⅱには、夕食後にタカシさんが他利用者に大声で詰め寄られることがありましたが、タカシさんはそれに対して特に大声を出すことなく自分の居室に入ることができました。また、作業もタカシさんが他の利用者よりも早く終わらせ、その後自ら居室に入り休憩をとるなど、適切に行動することができていました。また、ほとんどの職員はタカシさんへの支援に関して積極的であり、タカシさんに対して楽しく話をする様子が何度も見られました。また、以前は多くの職員が行動問題への対応方法が分からず叱責するのみでしたが、介入開始後は徐々に対象者を言語賞賛する様子が見られるようになりました。

タカシさんは施設に入所したばかりの時期は、行動問題があるなどの理由で両親は実家への帰省を拒否していました。しかし介入実施後は職員と両親の話し合いにより、帰省（3日間）の際も約束カードを施設職員のアドバイスの下で両親が実施することによって、特別な行動問題が生起することなく過ごすことができたとの報告がありました。

結果とまとめ

本事例では、支援前はタカシさんの激しい行動問題への対処法として職員による叱責や身体を押さえられるなど、タカシさんにとって嫌な方法がとられて

●タカシさんの行動問題の生起頻度と約束カードによる強化機会の頻度
（村本・園山，2008より）

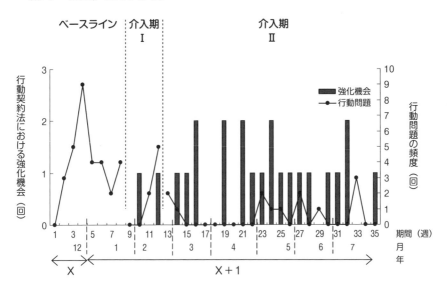

おり、このことが行動問題を悪化させる要因にもなっていました。

　タカシさんの行動問題の機能は、逃避や要求により維持されていると仮定されました。仮説に基づいて支援案を作成し、その支援案に約束カードを取り入れ、タカシさんとの会話を重視し、言語賞賛を増やすことで、タカシさんに笑顔が見られるようになりました。これらの支援がタカシさんの望ましい行動を強化し、行動問題を減少させることに貢献したのでしょう。また、約束カードは、タカシさん自身に言い聞かせるルールとなり、望ましい行動を生起させるきっかけとなったと考えられます。また約束カードによる支援は職員にとっても分かりやすく、そのことが支援を一貫して実施できた要因であると考えられます。1人の利用者に支援時間をさけない施設では効果的であり、ABAに関する知識が乏しい職員にとっても、適用が容易だったかもしれません。

※本事例は、福祉心理学研究に掲載された（村本・園山［2008］）をわかりやすくまとめたものです。本事例の転載に関して、日本福祉心理学会からの承諾を得ています。

参考文献

Aman, M. G. & Singh, N. N. (1986) Aberrant behavior checklist manual. East Aurora New York, Slosson Educational Publications. (小野善郎 (2006) 異常行動チェックリスト日本語版 (ABC-J) による発達障害の臨床評価. じほう.)

American Association on Intellectual and Developmental Disabilities (2010) Intellectual Disabilities: Definition, Classification, and Systems of Supports – 11th ed. Washington, D.C. (太田俊己・金子健・原仁・湯汲秀史・沼田千妤子訳 (2012) 知的障害 定義、分類および支援体系. 日本発達障害福祉連盟.)

American Psychiatric Association (2013) Diagnostic and statistical manual of disorders fifth edition. Arlington, VA, American Psychiatric Association. (高橋三郎・大野裕監訳, 染矢俊幸・神庭重信・尾崎紀夫・三村將・村井俊哉 (2014) DSM-5 精神疾患の診断・統計マニュアル. 医学書院.)

朝比奈ミカ・北野誠一・玉木幸則編著 (2013) 障害者本人中心の相談支援とサービス等利用計画ハンドブック. ミネルヴァ書房.

有馬正高 (2007) 健康ライブラリーイラスト版 知的障害のことがよくわかる本. 講談社.

Ayllon, T. & Azrin, N. H. (1968) The token economy: a motivational system for therapy and rehabilitation. New York: Appleton-Century-Crofts.

Bambara, L. M. & Koger, F. (1996) Opportunity for daily choice Making. American Association on Mental Retardation, Washington DC. (三田地真実訳 (2005) 選択機会を拡げるチョイス・アレンジメントの工夫. 学苑社.)

Bambara, L. M., & Knoster, T. P. (2009) Designing positive behavior support plans. American Association on Intellectual and Developmental Disabilities. 444 North Capitol Street NW Suite 846, Washington, DC 20001.

Carr, E. G., & Durand, V. M. (1985) Reducing behavior problems through functional communication training. Journal of Applied Behavior Analysis, 18, 111-126.

Durand, V. M., & Crimmins, D. B. (1988) The motivation assessment scale. Dictionary of behavioral assessment technique, 309-310.

Durand, V. M. (1990) Severe behavior problems: A functional communication training approach. Guilford Press.

Elsabbagh, M., Divan, G., Koh, Y. J., Kim, Y. S., Kauchali, S., Marcín, C., & Yasamy, M. T. (2012). Global prevalence of autism and other pervasive developmental disorders. Autism research, 5(3), 160-179.

Goldin, R. L., Matson, J. L., Tureck, K., Cervantes, P. E., & Jang, J. (2013) A comparison of tantrum behavior profiles in children with ASD, ADHD and comorbid ASD and ADHD. Research in developmental disabilities, 34 (9), 2669-2675.

平澤紀子・小笠原恵 (2010). 生活の向上を目指した積極的行動支援の進展と課題. 特殊教育学研究, 48(2), 157-166.

Horner, R. D. (1980) The effects of an environmental "enrichment" program on the behavior of institutionalized profoundly retarded children. Journal of Applied Behavior Analysis, 13, 473-491.

井上雅彦・岡田涼・野村和代・上田暁史・安達潤・辻井正次・大塚晃・市川宏伸 (2011) 知的障害者入所更生施設利用者における強度行動障害とその問題行動の特性に関する分析. 精神医学, 53(7), 639-645.

井上雅彦 (2016) 強度行動障害のアセスメントと支援. 臨床心理学 16(2), 199-203.

Iwata, B. A., Dorsey, M. F., Slifer, K. J., Bauman, K. E., & Richman, G. S. (1982) Toward a functional analysis of self-injury. Analysis and intervention in Developmental Disabilities, 2, 3-20.

Kennedy, C. H., Meyer, K. A., Knowles, T., & Shukla, S. (2000) Analyzing the multiple functions of stereotypical behavior for students with autism: Implications for assessment and treatment. Journal of Applied Behavior Analysis, 33, 559-571.

小林重雄・園山繁樹・野口幸弘編著 (2003) 自閉性障害の理解と援助. コレール社.

小林重雄監修　伊藤健次・岸本和美・小林重雄・平雅夫・高村哲郎・多田裕夫・寺

山千代子・前田宣子（2015）自閉症スペクトラムなどの発達に問題のある人の自立支援のためのチェックリスト CLISP-dd（トップダウン編）発達検査．文教資料協会．

行動障害児（者）研究会（1989）強度行動障害児（者）の行動改善および処遇のあり方に関する研究．財団法人キリン記念財団．

Koegel, L. K. E., Koegel, R. L., & Dunlap, G. E. (1996) Positive behavioral support: Including people with difficult behavior in the community. Paul H Brookes Publishing.

熊谷晋一郎（2015）当事者研究から見た自閉スペクトラム症における感覚過敏・鈍麻の考え方．発達障害研究，37(4)，309-323.

Levy, S. E., & Mandell, D. S. (2009). Schultz RT. Autism. Lancet, 374 (9701), 1627-1638.

宮本信也監修（2015）自閉症スペクトラム（アスペルガー症候群）の本．主婦の友社．

望月昭（2001）行動的QOL：「行動的健康」へのプロアクティブな援助．行動医学研究，7，8-17.

村本浄司（2014）入所施設において問題行動を示す知的障害者への機能的アセスメントに基づいた包括的支援—支援計画の評価に関する支援者の実行性と効果性からの検討．障害科学研究，38，55-66.

村本浄司・角田博文（2014）他害や自傷などの行動問題を示す自閉症者への支援—先行子操作を中核として．自閉症スペクトラム研究，11，29-37.

村本浄司・園山繁樹（2008）知的障害者入所更生施設における激しい行動問題を示す自閉症利用者に対する行動契約法を中核とした介入パッケージ．福祉心理学研究，5，12-24.

奥田健次・川上英輔（2002）激しい行動障害を示す自閉症者への行動契約法を用いた支援プログラム（1）．日本特殊教育学会第40回大会発表論文集，271.

O'Neill, R. E., Horner, R. H., Albin, R. W., Sprague, J. R., Storey, K., & Newton, J. S. (1997) Functional assessment and program development for problem behavior: A Practical handbook. Baltimore MD: Brookes/Cole Publishing Company.（茨木俊夫監修　三田地昭典・三田地真実訳（2003）子どもの視点で考える　問題行動解決支援ハンドブック．学苑社．）

小野浩一（2005）行動の基礎—豊かな人間理解のために．培風館．

Premack, D. (1965) Reinforcement theory. In D. Levine (Ed.), Nebraska symposium on motivation (pp. 123-180). Lincoln: University of Neblaska Press.

Saulnier, C. A. & Ventola, P. E. (2012) Essentials of autism spectrum disorders: evaluation and assessment. Hoboken, NJ, John Wiley & Sons, Inc.（黒田美保・辻井正次監訳（2014）自閉症スペクトラム障害の診断・評価必携マニュアル．東京書籍.）

島宗理（2019）応用行動分析学—ヒューマンサービスを改善する行動科学．新曜社．

Sugai, G., Horner, R. H., Dunlap, G., Hieneman, M., Lewis, T. J., & Turnbull, A. P. (2000). Applying positive behavior support and functional behavioral assessment in schools. Journal of positive behavior interventions, 2(3), 131-143.

特定非営利活動法人全国地域生活支援ネットワーク監修　牛島正人・片桐公彦・肥後祥治・福島龍三郎編著（2015）行動障害のある人の「暮らし」を支える強度行動障害支援者養成研修（基礎研修・実践研修）テキスト．中央法規出版.

富田雅裕・村本浄司（2013）入所施設における他害行動などの行動問題を示す自閉症利用者への包括的支援．特殊教育学研究，51，301-310.

辻井正次日本版監修　萩原拓・岩永竜一郎・伊藤大幸・谷伊織日本版作成（2015）日本版感覚プロファイル—ユーザーマニュアル，日本文化科学社.

辻井正次・村上隆日本版監修　黒田美保・伊藤大幸・萩原拓・染木史緒日本版作成（2014）日本版 Vineland-Ⅱ適応行動尺度．日本文化科学社.

Vollmer, T. R., Iwata, B. A., Zarcone, J. R., Smith, R. G., & Mazalski, J. I. (1993) The role of attention in the treatment of attention-maintained self-injurious behavior: Noncontingent reinforcement and differential reinforcement of other behavior. Journal of Applied Behavior Analysis, 26, 9-21.

あとがき

　私が行動障害のある人との関わりを始めてから早くも16年経過しました。大学院に入学した当初は、自閉症者の常同行動について実践研究することをテーマに決め、臨床現場を探していたところ、指導教員であった園山繁樹先生に茨城県立あすなろの郷を紹介いただきました。園山先生には、行動分析の基本的な考え方から、修士論文、博士論文に至るまで、厳しくも温かいご指導をいただきました。ABAに関する基本的な枠組みで物事を捉えることができるようになったのは園山先生のおかげです。

　その後、私の研究活動の中心は、あすなろの郷が中心となり、自宅のあるつくば市から水戸市のあすなろの郷に通うこととなりました。あすなろの郷は県内の各家庭からだけではなく、支援困難となって施設を退所させられた利用者や、強度行動障害のある利用者を積極的に受け入れている場所であり、元々は今ではその数を減らしている県立のコロニー（大規模入所施設）でした。そこでの強度行動障害を抱えた様々な利用者との出会いが私を成長させてくれたと言っても過言ではありません。いつの間にか、博士論文執筆の段階ではテーマが強度行動障害への支援に変わっていました。

　あすなろの郷では、自傷や他害、物壊し、激しいこだわり、異食、睡眠の乱れなどを示す方が多くおり、通常の支援をしても改善することなく支援困難が続き、職員も適切な支援方法が分からず困惑している状況でした。その当時から、施設内で自閉症者に対するTEACCHプログラムに基づいた方法を支援に取り入れていましたが、残念ながら行動障害の改善には至っていませんでした。

　そこで、2004年から施設職員の方々と一緒にABAに関する勉強会を開始することにしました。施設内ではABAに関する知識をご存じの職員は皆無であったため、私が職員の方に講義することによって、基本的な理論の勉強から開始することにしました。職員の方々の学びに対する姿勢はたいへん素晴らしく、職務外であるにもかかわらず皆とても熱心に学んでいました。その後、私が大学教員になってからは、勉強会からフェイドアウトすることにしました

が、2019年現在の今でもあすなろの郷での勉強会は継続しており、うれしいことに県内各地から参加者が集まるまでに拡大しているそうです。

ABAに関する方法論を取り入れる前は、職員の方々も利用者自身の問題と捉えがちであり、行動問題が起こっても事後的な対応に終始していましたが、今では「周囲の環境をどう変えればよいか、支援をどのように変えればよいのか」という視点で捉えられるようになっているのではないかと思います。

大学院博士課程を修了した後、2010年からこれまでのご縁であすなろの郷において4年任期の研究員として採用していただきました。その際の私の役割は強度行動障害のある方への支援だけではなく、私が抜けた後でも専門的知識に基づいて強度行動障害のある人を支援できる職員を育成することでした。そこで施設内で行動支援専門員（初級〜上級、スーパーバイザー）という独自の資格を作り、4年の研修を終えるとスーパーバイザーとして、施設内だけではなく、県内各地の施設職員に助言できる専門家を育成することにしました。本書で紹介した事例の中で、協働で支援を実施した角田博文さんや冨田雅裕さんも、行動支援専門員として活躍されています。

本書内には具体的に記載はしていませんが、ポジティブな行動支援（PBS；Positive Behavior Support）の考え方をベースとしています。PBSの特徴としては、「行動問題を示す利用者に対して、罰のような嫌悪的で事後的な対応を極力少なくすること」「何となく支援を行なうのではなく、機能的アセスメントなどの科学的に根拠のある方法で行動問題に至る原因を明らかにした上で支援を実施すること」「その人の行動問題の軽減だけではなく、代替行動の形成や望ましい行動の拡大を行なうこと」「生活環境そのものを改善させること」「現在だけではなく将来のライフスタイルを変化させることを目標としていること」を挙げることができます。

現在、PBSの考え方は学校現場でその発展を見せているのですが、福祉現場でもPBSの考え方は重要な示唆を与えるものですので、今後はPBSの考え方が福祉現場で拡大していくことを願っています。

本書の特徴の１つでもある数多くのイラストは Art Compass さんに描いていただきました。私の無理なお願いにもかかわらず、快諾していただき本当にありがとうございました。

　自宅近くのコメダ珈琲で、ポメラを使ってコツコツと執筆作業を開始してから早３年が経過しました。

　以前から「施設職員向けでわかりやすい ABA の本があればよいのになあ」と漠然と考えており、なんとなくその場の思い付きで、自分で書いてみるか、と考えるようになり、企画書を作成し学苑社の杉本さんに提案してみたところ、快く了承していただきました。今思えば、「よくもまあネームバリューがほぼゼロである私の提案を受け入れていただいたなあ」とその心の広さに感服しております。その後もなんだかんだあって、執筆しない時期が１年ぐらいあった間も「その後、本の件はどうなりましたか」と学会で会うたびに声をかけていただきました。その度に申し訳ない気持ちになり、「早くその気持ちにこたえなければ」と考えるようになりました。編集の段階でも、様々なご助言をいただきました。杉本さん、本当にお世話になりました。

　　　　2019 年 12 月

　　　　　　　　　　　　　　　　　　　　　　　　　　　　村本 浄司

著者紹介

村本　浄司（むらもと　じょうじ）
　九州看護福祉大学社会福祉学科准教授、博士（行動科学）、社会福祉士、公認心理師。筑波大学大学院修士課程教育研究科障害児教育専攻、その後の筑波大学大学院博士課程人間総合科学研究科において応用行動分析学と自閉症児者への臨床を学ぶ。その後、知的障害者総合援護施設茨城県立あすなろの郷で研究員として「強度行動障害のある人への支援法」について後進の育成と実践研究を重ね、東京福祉大学社会福祉学部社会福祉学科講師を経て、2021 年より現職。

　著・訳書は、『発達障害のある人と楽しく学習：好みを活かした指導』（分担訳、二瓶社）、『自閉症教育基本用語事典』（分担執筆、学苑社）、『行動分析学事典』（分担執筆、丸善出版）、『自閉症児童成人指導指南「自我管理」』（共著、浙江科学技術出版社）、『自閉症児童成人指導指南「理解」』（共著、浙江科学技術出版社）、『自閉症問題行为干预』共著、复旦大学出版社）、『レポート・試験はこう書く：保育児童福祉要説第五版』（共著、中央法規）など。

イラスト　Art Compass（アートコンパス）
装　　丁　有泉 武己

施設職員 ABA 支援入門
―― 行動障害のある人へのアプローチ　　　　　　ⓒ 2020

2020年 2 月20日　初版第 1 刷発行
2024年 2 月10日　初版第 6 刷発行

著　者　村本浄司
発行者　杉本哲也
発行所　株式会社 **学 苑 社**
東京都千代田区富士見 2 - 10 - 2
電話㈹　03（3263）3817
fax.　　03（3263）2410
振　替　00100 - 7 - 177379
印刷・製本　新日本印刷株式会社

検印省略

乱丁落丁はお取り替えいたします。
定価はカバーに表示してあります。

ISBN978-4-7614-0812-1　C3036